단순한 기쁨

옮긴이 **백선희**

프랑스어 전문 번역가. 덕성여자대학교 불어불문학과를 졸업하고 프랑스 그르노블 제3대학에서 문학 석사와 박사 과정을 마쳤다. 로맹 가리, 밀란 쿤데라, 아멜리 노통브 등 프랑스어로 글을 쓰는 주요 작가들의 작품을 우리말로 옮겼다. 옮긴 책으로 『폴 발레리의 문장들』『빅토르 위고와 함께하는 여름』『노르망디의 연』『이제 당신의 손을 보여줘요』『마법사들』『내 삶의 의미』『레이디 L』『흰 개』『웃음과 망각의 책』『예상 표절』『하늘의 뿌리』『노년 끌어안기』『상실 끌어안기』등이 있다.

단순한 기쁨

1판 1쇄 발행 2001년 5월 25일
1판 48쇄 발행 2024년 7월 10일

지은이 | 피에르 신부
옮긴이 | 백선희
펴낸이 | 정은숙
펴낸곳 | 마음산책

등록 | 2000년 7월 28일(제2000-000237호)
주소 | (우 04043) 서울시 마포구 잔다리로3안길 20
전화 | 대표 362-1452 편집 362-1451 팩스 | 362-1455
홈페이지 | www.maumsan.com
블로그 | blog.naver.com/maumsanchaek
트위터 | twitter.com/maumsanchaek
페이스북 | facebook.com/maumsan
인스타그램 | instagram.com/maumsanchaek
전자우편 | maum@maumsan.com

ⓒ 2001, Librairie Arthème Fayard

ISBN 89-89351-10-3 03860

* 책값은 뒤표지에 있습니다.

단순한 기쁨

피에르 신부

마음산책

Mémoire d'un croyant
by Abbé Pierre

Copyright © Librairie Arthème Fayard, 1997
Korean Translation copyright © Maumsanchack, 2001

This Korean edition is published by arrangement
with Librairie Arthème Fayard
through Access Korea Agency

이 책의 한국어판 저작권은 Access Korea Agency를 통한
Librairie Arthème Fayard와의 독점계약으로 〈마음산책〉에 있습니다.
신 저작권법에 의해 한국 내에서 보호를 받는 저작물이므로
무단 전재와 무단 복제를 금지합니다.

프랑수아 가르비, 그리고 앙리 드 뤼박 신부님께.

너무도 다른 두 분,

그러나 하느님을 향한 열정만큼은 너무도 닮은 두 분.

내 삶의 가장 중요한 두 순간에

보잘것없지만 나의 모든 것을 빚진 두 분께.

타인과 더불어 사는 기쁨
그 단순한 기쁨을 위하여

공허한 말에 만족하지 말고 사랑하자.
그리하여 시간의 어둠에서 빠져나갈 때,
모든 사랑의 원천에 다가서는 우리의 마음은
타는 듯 뜨거우리라.

□ 책머리에 □

인생의 황혼기에 이르러 나는 세 가지 절대적 필요를 느낀다.

먼저, 지난 일과 근래의 일들을 통틀어 내 삶의 핵심이 무엇이었는지를 고백할 필요를 느낀다. 내게 주어졌던 그 모든 것에 대해 감사할 필요 또한 느낀다.

내가 받은 것 가운데 무엇보다 소중한 것은 내 내면의 삶에 물을 대어준 세 가지 샘이다. 성경을 통해 유일하며 정의롭고 자비로우신 하느님을 믿게 해준 유대 민족이 그 첫째 샘이요, 하느님은 사랑이시며 언제나 우리 가운데 모습을 드러내 보이신다는 확신을 내게 심어준 교회가 그 둘째요, 누구보다 고통받는 자들과 함께 살며 예수님을 긴밀하게 접할 수 있게 해준 곳, 엠마우스가 그 셋째이다.

그리고 마지막으로, 살면서 수도 없이 화내고 투쟁하고 논쟁을 벌였던 늙은이가 화해와 평화를 점점 더 강렬하게 갈구한다는 사실을 감출 이유가 어디 있으랴. 내가 이처럼 오래 살아오면서, 아무리 진정으로 사랑과 진리를 추구하며 살고자 노력했다 할지라도, 어찌 존경하고 사랑하는 사람들에게 상처를 주지 않았겠는가? 그 반대로 어찌 나 또한 잔인한 공격을 받은 적이 없었겠는가?

생애 마지막 날에는 우리 모두가 하느님과 형제들에게 '우리가 용서하듯 우리를 용서하소서'라고 말할 수 있게 되기를 바란다.

하지만 이 책을 쓰는 일이 내게 의무처럼 다가온 것은 무엇보다 내게 삶의 이유를 물으러 찾아왔던 어떤 절망에 빠진 이를 만나고 나서이다.

그분으로 인해 나는 살아오는 동안 무엇이 나의 신앙과 희망의 핵심을 이루게 되었는지를 되새겨보게 되었다.

이 책이 그분에게, 또한 그분뿐만 아니라 그 어느 때보다 특히 오늘날 삶의 의미를 묻는 모든 이들에게, 하나의 대답이 될 수 있길 바란다.

이 책이 있기까지 우정어린 지지와 소중한 충고를 아끼지 않은 프레데릭 르누아르에게 특별한 감사의 말을 전하고 싶다.

차례

책머리에…10

1 상처입은 독수리들

눈물의 기쁨…21
엠마우스…30
가난한 자들의 복음…39
열광적인 환멸…46
희망…53
부조리와 신비…62

2 알 수 없는 존재에 대한 확신

타인과 공감하는 자, 홀로 만족하는 자…75
가난과 행복…88
세 가지 확신…101

사랑의 세 가지 얼굴…109
말씀은 사람이 되고…117
자유…125
깨어나야 한다…132
진리의 빛…145

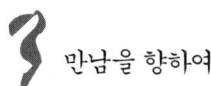 만남을 향하여

폭력은 폭력을 낳을 뿐…167
인류형제들…180
새벽의 만남…194
고통의 힘…206
애타게 기다리던 만남…215
길은 계속된다…229

옮긴이의 말…253

상처입은 독수리들

열 살 때의 앙리 그루에스(맨 앞줄)

어린시절 나는 '예수님 마음에 들려고' 무진 애를 썼었다.

열네 살 때 가족과 함께

보이스카웃 모임에서 나는 '명상하는 해리'라는 별명을 얻었다. 열네 살짜리 남자 아이들이 이 이름을 내게 골라준 것은 참으로 신기한 일이다. 앞으로 나는 집을 짓기 위해 평생을 바쳐 싸우게 될 터인데, 해리는 집을 짓는 동물이고, 명상은 나의 특징 가운데 하나이니 말이다.

열여섯 살 때

'타인은 지옥이다'라고 사르트르는 썼다. 나는 마음속으로 그 반대라고 확신한다.
타인들과 단절된 자기자신이야말로 지옥이다.

1933년 이리니 별장에서 가족과 함께

"열아홉 살에 수도사가 되기로 결심한 저는 공증인을 찾아가 모든 유산을 포기한다는 각서에 서명을 했지요. 나중에 누이가 죽어 유산을 나누게 되었을 때, 그곳에 있던 조카 하나가 이렇게 말했습니다. '앙리 삼촌에게는 아무것도 없잖아요!' 사람들이 그 이유를 설명해주자 그 아이가 그러더군요. '그러면 앙리 삼촌에게 작은 박물관이라도 만들어드려야 해요.' 그날 이후로 우리 집에는 '앙리 삼촌의 박물관'이 하나 있답니다."

눈물의 기쁨

작년 여름, 나는 낯선 이로부터 편지 한 장을 받았다. 편지에는 이렇게 적혀 있었다. "저는 자살하려는 생각에 사로잡혀 있습니다. 제게는 아무런 영적 지식도 없습니다. 제가 이 충동에 굴복하기 전에 신부님께서 저를 좀 만나주셨으면 합니다. 그저 신부님께서 느끼시는 삶의 기쁨을 말씀해주시면 좋겠습니다."

나는 몹시 당황했다. 물론 누구나 그렇듯 나도 살면서 단순한 기쁨들을 맛보았다. 수도원에 은거하며 보낸 수도사 생활 6년 동안 글을 쓰거나 그림을 그리게 되면 나는 주저 없이 '기쁨 형제'라고 서명했었다. 한번은 내가 몸이 아팠을 때 한 동료가 탁자 위에다 내가 그린 세밀화 한 장을 갖다놓았는데, 그 그림에는 '눈물의 기쁨 형제'라는 서명이 씌어 있었다.

하지만 절대자 생각에 몰입해 있을 때에 누구나 느끼고 싶어 하는 그런 충만한 기쁨을 내가 경험한 적이 있던가? 내가 경험한 기쁨이 얘기해줄 만한 가치가 있는 것인가? 오래도록 나는 공허한 느낌만 들었다. 그런 질문을 던진 낯선 이가 기대하는 건 무엇일까? 그 같은 질문을 나는 스스로에게 해본 적이 있었던가?

며칠째 고심하던 차에 문득 내 머릿속에는 40년 전의 오래된 사건 하나가 떠올랐다. 내가 그 일을 금세 생각해내지 못한 것은 나를 송두리째 사로잡았던 그 사건이 마치 나 자신의 일부처럼 되어버린 때문이었다.

목적 없는 삶에 대한 염증이나 빈곤을 떨쳐버리고 엠마우스(Emmaus)의 첫 동료들이 되려 하는 이들을 처음으로 맞아들이던 무렵이었다. 당시 우리는 파리 근교인 뇌이-플레장스(Neuilly-Plaisance)에 거처하고 있었다. 일요일 아침마다 모임이 있었는데, 그 모임에서는 우리보다 불행한 사람들에게 도움을 주는 일에 대해 의논하곤 했다.

모임이 끝나면 나는 2층에 있는 내 방으로 올라가곤 했다. 나는 언제나 서서 일을 했다. 너무 피곤해서 앉기만 하면 잠이 들곤 했기 때문이다. 나는 서류함의 금속 서랍 두 개를 잡아당겨 그 사이에 판자를 놓고 거기다 대고 일을 했다.

서 있다 보니 자연히 내 눈은 2층에서 마당을 내려다보게 되었다. 하나, 둘, 다섯, 열 명의 동료들이 산책하러 나가는 것이 눈에 띄었다. 그러자 무한한 기쁨이 내 안에서 솟아올랐다. 그들의 모습이 너무도 말쑥하고 품위 있어 거리에 나가면 누구도 이 도시의 유명인사들과 그들을 구별할 수 없을 정도였기 때문이다. 보름이나 한 달 전에 이곳에 와서는 떨면서 "제가 있을 자리가 있을까요?"라고 묻던 그들의 지저분하던 몰골이 떠올랐다. 속옷도 갈아입지 못하고 밖에서 잠을 잤기에 몸에서는 냄새가 났고, 그 때문에 창피해하던 그들이다. 나는 수치스러움에 기죽어 있던 그들의 모습을 떠올리며 그들이 이제 그들 표현대로 '당당하게 선 인간'으로 되돌아온 모습을 본 것이다. 이것이 내 머릿속에 무엇보다 먼저 떠오른 강렬한 기쁨이다.

이 오래된 기억이 내 안에서 깨어나자 마치 둑이 터지듯 다른 기쁨들이 떠올랐다. 그 기쁨들 또한 강렬했다.

언젠가 게슈타포에게 쫓기는 열두 명의 유대인들과 함께 몰래 스위스 국경을 넘던 기억이 났다.

7년 동안 수도원 생활을 하다 보니 나는 전쟁이 날 때까지도 나치즘과 반유대주의가 대두된 사실을 전혀 알지 못했다. 내 주변 사람들은 베르덩 전투(제1차 세계대전에서 독일의 기세를 제압

한 중요한 전투—옮긴이 주)의 승리자인 페탱(Pétain)을 지지하고 있었고, 나는 비시(Vichy) 정부(프랑스가 제 2차 세계대전에서 패전한 뒤, 페탱을 국가원수로 추대하고 비시에 결성되었던 대독협력정부—옮긴이 주)가 유대인들에게 어떤 조치들을 취했는지 알지 못했다.

패전 이후 나는 그르노블에 사제로 있게 되었다. 어느 날 밤 유대인 두 사람이 문을 두드리더니 울면서 "저희를 좀 숨겨주세요. 체포당할 뻔했어요. 저희는 유대인이거든요"라고 했을 때에야 나는 유대인들이 쫓긴다는 사실을 알게 되었다.

나는 어찌해야 할지 잠시도 망설이지 않았다. 한 사람은 침대 매트리스에서, 다른 한 사람은 매트리스 받침대 위에서 자게 하고, 나는 의자에서 잤다.

이튿날 나는 노트르담 드 시온 수녀원의 원장을 찾아갔다. 그들이 어떤 위협을 받고 있으며, 어찌하면 좋을지 의논하기 위해서였다. 원장수녀는 숨겨준 유대인으로 수녀원도 꽉찼으니 어떻게 해서라도 그들이 스위스 국경을 넘을 수 있도록 도와주어야 한다고 했다. 나는 길 하나를 알고 있었다. 해발 3,200미터에 달하는 아주 가파른 길이었다. 나는 고산지대 안내원인 친구의 도움을 받아 비밀횡단을 감행했다. 오랫동안 걸어 알베르 1세 대피소에서 하룻밤을 보낸 뒤 우리는 고개에 이르렀고 마침내 트리앙 빙하지대로 들어섰다.

국경에 도착하자 나는 벅찬 마음으로 그들에게 말했다. "여러분들은 이제 살았습니다. 저기 아래에 오두막집이 보이시죠. 거기서 친구 한 사람이 여러분들을 기다리고 있습니다. 여러분들을 스위스로 안내하고 정착을 도와줄 만반의 준비가 되어 있습니다."

훗날 나는 그들 가운데 몇몇을 다시 만났다. 한번은 워싱턴에서 역사학 교수를 만난 적이 있다. 내가 강연을 마치고 났을 때 그가 내게로 다가오더니 말했다. "저를 모르시겠습니까?" "글쎄요." 어리둥절해하며 내가 대답했다. 그러자 그가 말했다. "마르쿠스랍니다." 그 말에 내 얼굴은 환해졌다. 그는 첫번째 비밀횡단을 함께했던 사람이었다.

전쟁이 끝나고 선거 캠페인이 한창일 무렵, 한 대중연설 도중에 불쑥 끼여들었던 랍비 또한 나는 평생 잊지 못할 것이다. 소란스런 군중 속에서 정적(政敵)들이 나를 향해 비방을 퍼부었을 때 어떤 자가 소리쳤다. "제가 한마디해도 되겠습니까?" 그러자 사방이 조용해졌다. 나는 입성이 초라한 노인 한 사람이 연단 위로 올라오는 걸 보았다. 그는 마이크를 잡더니 이렇게 말했다. "저는 피에르 신부님에게 표를 던지지 않을 겁니다. 왜냐하면 그분과 정치적 견해를 같이하지 않기 때문입니다. 하지만 방금 들은 욕설만큼은 참을 수가 없군요. 신부님께서는 저를 알지 못하십니다. 저는 샘 욥이라는 랍비입니다. 독일군 점령 당시 어려움에 처한 제 친구들을 신부님께 맡겼던 사람입니다. 어느 날 밤 신부님 친구분들의 안내를 받아 산으로 피신하기로 되어 있던 사람들 중 한 사람이 헌 슬리퍼를 신고 있는 걸 보신 신부님께서는 당신의 구두를 벗어주시고 눈길에 맨발로 돌아가셨습니다."

이 추억이 떠오르자 우리는 감격해서 서로를 부둥켜안았으며, 연설장은 온통 감동에 휩싸였다. 정치는 사람을 분리시키지만 연대행동은 사람을 결합시키는 법이다.

더욱 강렬한 기억이 또 하나 있다. 잘 알려진 이야기다. 주택문제로 벌인 투쟁에서 우리는 긴급한 주택 건축을 위해 10억 프랑(화폐개혁 이전의 프랑)의 대출을 요구했었다. 그에 대해 정부 쪽에서는 '차후에'라는 대답을 해왔다. 그런데 어린아이 한 명이 추위로 얼어죽었고, 그 뒤를 이어 집세가 밀렸다는 이유로 다락방에서 쫓겨난 한 노파가 길에서 죽었다. 그래서 우리는 1954년 겨울, 미디어 돌풍을 일으켰다. 대중여론에 떠밀려—대중이 바라는 바를 국회의원들에게 요구하는 것, 그게 바로 민주주의가 아니겠는가―국회의원들이 특별회기로 허둥지둥 소집되었다. 바로 전달에 10억 프랑의 대출을 거절했던 그들은 이날 100억 프랑을 가결했고, 그 덕에 우리는 프랑스 전역에 걸쳐 1만2천 가구의 주택을 건축할 수 있었다.

로베르 뷔롱(Robert Buron)과 상원의원 레오 아몽(Léo Hamon)이 들뜬 모습으로 내 사무실로 와서는, "됐어요! 100억 프랑을 얻어냈어요!"라고 말했을 때의 기쁨이란…….

우리가 집을 한 채 지어주었던 사람도 생각난다. 어느 날 그는 얼빠진 사람처럼 헐레벌떡 달려오더니 말했다. "신부님, 제 아내와 아이들이 없어졌습니다!" 공동체 사람들 모두가 동원되어 24시간 동안이나 찾아다녔다. 결국엔 그가 와서 말했다. "찾았어요." 그의 부인은 두 딸을 안은 채 마른 강가에서 오돌오돌 떨고 있었다. 물에 뛰어들려고 왔지만 막상 그러질 못했던 것이다. 24시간 동안 먹지도 자지도 않은 채 그곳에 그러고 있던 바람에 두 딸은 거의 얼어죽을 뻔했다.

게다가 그 가련한 여인은 임신까지 하고 있었다. 전에 그들은 지하창고에서 살았었다. 거기엔 창문도 물도 화장실도 없었다. 용변은 신문과 병에다 본 뒤 이웃 건물 쓰레기통에 갖다버렸다. 끔찍한 생활이었다. 우리는 이 가족에게 작은 집을 지어주었다.

물론 우리가 프랑스 전역에 걸쳐 노숙자 문제를 해결할 수는 없었다. 하지만 고생스럽더라도 헌 옷이나 신문, 고철 따위를 주워서 마련한 단 몇 푼으로나마 필요한 물품을 사서 한 가정이라도 도울 수만 있다면 이 얼마나 보람 있는 일인가.

이 몇몇 기억들을 통해 알 수 있듯이 이 사건들은 모두가 극적이다. 그러나 내가 경험했던 기쁨은 극적인 사건이 해결되거나 안정이 된 다음에야 찾아왔으며, 또 다른 어려움들은 여전히 남아 있었다.

내게 물음을 던진 그 사람과의 대면은 고요한 수도원에서 이틀 동안 이어졌다.

사실, 수도사들의 전례소리로 종종 끊기곤 하던 이 이틀간의 만남에서 이러한 기억들을 얘기할 시간은 많이 갖지 못했다. 하지만 내가 한 가지 기억을 얘기하면 상대방은 그 기억에 한 삶의 선택이 고스란히 내포되어 있음을 이해했다. 떠날 시각이 되자 그는 수도원의 비망록에다 이렇게 적었다. "1996년 7월 28일. 이곳에 오기 전에는 이런 것이 가능하리라고 꿈꾸거나 상상하기가 힘들었습니다. 인간들간의 사랑에 대한 믿음이 존재한다는 징표 말입니다. 그 믿음은 존재하며, 우리가 시간만 낸다면 세상에서 그 무엇보다 소박하고 자연스런 그 믿음을 만질 수 있고, 느끼고, 보고, 호흡할 수 있습니다. 프라글리아(그가 찾아왔던 수도원 이름이다)는 사랑의 증거요, 이 순간과 이 영원의 명백한 증거입니다. 감사합니다."

그렇다, 이 낯선 이의 방문은 헛되지 않았다.

어째서 1부의 제목을 '상처입은 독수리들'이라 붙였는지 의문을 가질 독자들도 있으리라. 그것은 필경 기억의 작용 때문일 것이다. 나의 긴 생애를 수놓은 이 현실적이면서 기이한 기쁨들에 대한 기억은, 인간이 광대한 지평과 무한한 공간을 갈구하는 존재인 동시에, 마치 상처입은 독수리처럼 진정한 비상(飛翔)을 할 수 없도록 구속받는 존재임을 말해주고 있다.

엠마우스

오늘날 엠마우스는 38개국에 자리잡은 350개의 단체로 구성되어 있다(현재는 44개국에 자리하고 있다—옮긴이 주). 프랑스에만도 4천 명이 모여 사는 공동체가 110개나 있다.

우리는 세 가지 규칙을 준수한다. 먼저, 우리가 먹을 것은 우리가 노동을 해서 번다(노약자와 장애인들을 위한 것을 제외하고는 정부나 시청, 도청으로부터 어떠한 지원금도 받지 않는다). 다음으로, 우리는 모든 걸 나눠가진다. 공동체에 크게 기여하는 가장 튼실한 사람도 생산성 없는 노인보다 더 많은 걸 갖지 않는다. 마지막으로, 멸시받고 소외된 주변인들인 우리는 베푸는 사람이 되는 사치를 누리기 위해 생활하는 데 충분한 정도 이상의 노동을 한다.

단순한 기쁨

우리는 가난하지만 궁핍을 뛰어넘고 베푸는 자들이다. 그렇기에 다른 사람들에게 이렇게 말할 수 있는 것이다. "가진 게 아무 것도 없는 우리도 마음을 담아 나누고 구원을 베풀 수 있는데, 필요한 것보다 더 많이 소유하고 부족한 것이라곤 없는 여러분이 그런 일을 못할 게 뭐 있습니까!" 이것이 엠마우스 운동이다. 한데 이 운동은 어떻게 시작되었는가?

전쟁이 끝나고 나는 국회의원이 되었다. 하루는 누군가 나를 불렀다. "당신 집에서 3킬로미터 떨어진 곳에서 방금 한 남자가 자살을 기도했어요. 또 그럴 것 같으니 와보세요." 그렇게 해서 나는 끔찍이도 불행한 남자를 만나게 되었다. 그는 자신의 삶을 내게 얘기해주었다. 그야말로 한 편의 소설이었다!

그의 어머니는 소박한 가정부였다. 어느 날, 한 공증인이 그녀를 부르더니 이렇게 말했다. "부인, 당신이 시중들던 노인께서 상속인이 없는 관계로 전 재산을 부인께 남기셨습니다. 상당한 재산입니다. 샹파뉴의 포도밭과 소유지가 있습니다." 이 가난한 여인이 부자가 되고 얼마 지나지 않아 한 양심없는 경찰관이—훌륭한 경찰들도 있지만 형편없는 경찰들도 있다—그녀에게 흑심을 품고 수작을 걸어왔다. 결국 그는 그녀와 결혼했고, 그 뒤로는 돈을 흥청망청 써대며 방탕한 생활을 하기 시작했다. 곧 조르주가 태어났는데, 그가 자살을 기도했던 남자다. 조르주에게는 가정이란 게 있어본 적이 없었다. 언제나 기숙학교에 보내졌던 것이다.

그가 방학을 맞아 집으로 올 때면 남편의 행실로 인해 모욕당하고 절망한 어머니는 그에게 이렇게 말하곤 했다. "얘야, 서랍 속에 그자의 권총이 있단다. 언젠가는 꼭 네가 복수를 해다오."

조르주는 스무 살에 약혼을 했다. 그런데 어느 날 그의 약혼녀가 느닷없이 파혼 편지를 보내왔다. 마흔다섯의 나이가 되어 이 이야기를 내게 들려줄 때에도 그는 여전히 그 여자를 사랑하고 있었으며 애절하게 눈물을 흘렸다.

사실은 아버지의 애인이 재산을 탐내고 그녀의 친척을 조르주와 결혼시키려 했던 것이다. 그녀는 익명으로 조르주의 약혼녀에게 끔찍한 내용의 편지들을 보내 단념하게 했다. 자포자기한 조르주는 그 결혼을 결국 받아들였고, 곧 아기가 생겼다.

그런데 첫번째 약혼녀와 이야기를 나누던 친구들이 익명의 편지들을 보고는 파혼 이유를 알게 되었다. 분개한 친구들이 조르주에게 달려와 그 편지들을 보여주었다. 조르주는 아버지 애인의 필체를 알아보더니, 미친 듯이 권총을 집어들고, 자신과 약혼녀를 갈라놓은 여자를 죽이려 들었다. 그 권총은 그가 다룰 줄 모르는 자동권총이었다. 여자는 부상을 입었다. 멀지 않은 곳에 있던 아버지도 달려오다가 마지막 총알을 맞았다. 그는 죽었다. 죄 중에서도 중죄인 부친살해였다. 법정은 조르주에게 무기징역을 선고했다. 그는 아이가 태어나기 전에 카엔으로 떠났다.

그러므로 그는 자신의 딸을 알지 못했다. 열다섯이나 열여섯 살이 된 딸이 감옥에 있는 그에게 애정 어린 편지를 보내왔다. 그녀는 아버지에 대해 미화된 환상을 품고 있었다. 사랑 때문에 고통받고 있는 희생자로 여겼던 것이다.

그러던 중 극적인 반전이 일어난다. 조르주는 목숨을 잃을 위험을 무릅쓰고 불 속에 뛰어들어 사람을 구한 일로 사면을 받게 된다. 그는 예고 없이 집으로 돌아온다. 딸을 만나고 싶은 애타는 마음으로 집에 돌아왔을 때 그는 자신의 아내가, 그보다 몇 달 앞서 출감해서 그의 소식을 가족들에게 전하러 왔던 그의 감방 동료와 함께 살고 있다는 사실을 알게 된다! 이미 아기까지 생긴 상태였다. 한편, 그렇게 애정 어린 편지를 보내왔던 딸은 그의 모습을 보고 실망하다 못해 혐오스러워하기까지 했다. 그는 결핵을 앓고 있는 데다(15년 뒤에 그는 이 병으로 죽었다), 말라리아에 알코올중독기마저 있었던 것이다. 이런 인생낙오자 앞에서 딸은 그

상처입은 독수리들

와 말하는 것조차 꺼려했다. 그래서 그는 자살을 기도했다. 내가 그를 만난 게 바로 그 무렵이었다.

그의 말을 다 듣고 나서 나는 말했다. "조르주, 당신 이야기는 정말이지 기가 막힙니다. 하지만 나로서는 당신에게 해줄 게 아무것도 없습니다. 내 가족은 부유하지만 수도사가 되려고 결심하고서 나는 모든 유산을 포기했습니다. 내게는 한 푼도 없습니다. 의원으로서 매달 월급은 받고 있지만 많은 가족들이 내게로 와서 울며 그들이 처한 비참한 상황을 호소합니다. 그들에게 작은 집이라도 세워주다 보니 그 일에 의원 월급이 모두 들어가 빚까지 지고 있는 형편입니다. 당신을 위해 내가 해줄 게 없군요. 한데 당신은 죽기를 원하니 거치적거릴 게 아무것도 없지 않습니까. 집이 다 지어지기만을 기다리는 어머니들을 생각해서라도 이 집짓기가 빨리 끝날 수 있도록 죽기 전에 나를 좀 도와주지 않겠소?"

그의 얼굴빛이 변했다. 조르주는 그러겠다고 했다. 그리고 그는 다시 왔다. 그가 인생낙오자였는지는 몰라도 내가 의원으로 일하는 틈틈이 짬을 내어 집을 지을 때, 나를 도와 나무판자를 나르는 데는 쓸모가 있었다. 그리고 이 일이 그의 인생에 다시금 의미를 부여하게 되었다.

"신부님께서 제게 돈이든 집이든 일이든 그저 베푸셨더라면 아마도 저는 다시 자살을 시도했을 겁니다. 제게 필요한 것은 살아갈 방편이 아니라 살아야 할 이유였기 때문입니다."

그후 그는 자신보다 더 가난하고 불행한 사람들을 도우며 살았다. 절망한 자에서 구원자가 된 것이다. 엠마우스는 그렇게 생겨났다.

내가 집을 세워준 첫번째 가정은 어떠했던가? 어느 날 나는 한 부인이 세 아이와 할아버지 한 분, 그리고 두 명의 남편과 함께 오는 걸 보았다. 그들은 불법으로 살고 있던 빈 집에서 막 쫓겨났노라고 내게 설명했다. 임시로 나는 유스 호스텔로 개조한 뇌이-플레장스의 나의 집에 그들을 머물게 했다. 크리스마스 연휴 때였다. 눈이 내리고 있었다. 숙소는 독일인, 프랑스인, 영국인들로 만원이었다. 그 가족에게 내어줄 자리가 없었다. 달리 도리가 없기에 나는 예배실의 예수님상을 들어내 다락 한쪽으로 치우고, 그곳에 그 기이한 가족의 거처를 마련했다.

때때로 나는 노숙자들을 위한 우리의 투쟁이 이처럼 널리 발전하게 된 것이 우리 집에 계시던 예수께서 맨 먼저 당신의 자리를 집 없는 가족에게 내놓으셨기 때문이 아닌가 생각한다!

그들이 매트리스와 짐가방들과 더불어 예배실에 자리잡은 지

상처입은 독수리들

며칠 뒤, 진짜 남편, 즉 법적 남편이 나를 찾아오더니 계면쩍은 듯 말했다. "신부님, 설명을 좀 드려야 할 것 같습니다. 신부님께서 저희를 판단하시되 단죄하시지 않기만을 바랄 뿐입니다. 저는 전쟁 내내 독일에서 포로생활을 했습니다. 집으로 돌아와보니 아내는 다른 남자와 함께 살고 있었습니다. 제게는 아이가 하나 있었는데, 이제 둘이 더 생겼습니다. 어떻게 하면 좋을까요? 치고받고 싸워야 할까요? 그러고도 싶었습니다. 하지만 세 아이 모두 아내가 낳은 아이입니다. 둘은 그 사람의 아이고, 첫째는 제 아이입니다. 우리는 아이들에게 가장 고통을 덜 주는 방법이 무엇일지 생각했습니다. 그리고는 동의를 했지요. 그자가 낮일을 맡고, 제가 밤일을 맡기로 말입니다."

웃음이 나오면서도 감동적인 이야기였다. 그들은 서로 치고받거나 자신들만을 생각하기보다는 가장 약한 존재인 아이들을 보호하는 방법을 택했던 것이다.

우리는 작은 집을 세워 그들이 들어와 살게 했다. 그들이 무엇보다 먼저 한 것은 '삶의 기쁨(La joie de vivre)'이라고 쓴 푯말을 문에다 거는 일이었다. 나중에 아이들이 크고 나서는 집을 두 채 마련했다. 훨씬 나은 해결책이었다.

엠마우스가 생겨난 배경에는 동료들과 가족들뿐 아니라 자원

봉사자들도 있었다. 우리를 도와주던 그들은 대개 부족한 것이라곤 없는 부유층 자제들이었다.

첫번째 봉사자는 어느 기업가의 아들이었다. 그는 학업을 마치고 엔지니어가 되었으며, 아버지의 뒤를 이어 기업의 경영을 맡기로 되어 있었다. 그런 그가 나를 만나러 와서 말했다. "신부님, 저는 제가 한 공부에 있어서는 전문가요 제 일도 잘 압니다. 하지만 사람에 대해서는 잘 알지 못합니다. 사람들을 알 수 있도록 얼마 동안 제가 여기 와서 함께 지내도 될까요?" "물론입니다"라고 나는 대답했다. 그리고 1년이 지난 뒤—이 일로 난 얼마나 웃었는지 모른다—그가 약혼녀의 아버지로부터 받은 편지를 내게 가져왔다. '이젠 진저리가 나네. 피에르 신부의 넝마와 내 딸 중에 선택을 하게나.' 그렇게 해서 그들은 결혼했고, 금세 두 아이를 가졌다.

그런데 이처럼 자비로운 남자가 아버지로서의 책임감이 주는 불안 때문에 어느 날 갑자기 주소도 남기지 않은 채 사라져버렸다. 그의 아내도 그의 행방을 알지 못했다. 어느 날 그의 아내는 편지를 한 장 받는다. 그는 외인부대에 지원했던 것이다. 그는 그가 속한 부대가 숙영하고 있는 시디 벨 아베스에서 편지를 쓴다. 그녀는 망설임 없이 아이들을 데리고 가서 그가 5년의 복무기간을 마칠 때까지 그곳에서 지냈다. 그후로는 행복한 삶을 살았다.

엠마우스는 이렇게 탄생했다. 자살 미수범 한 사람과, 아내 하나에 남편이 둘인 가족, 아내와 아이들을 두고 외인부대에 지원한, 기업가 집안의 엔지니어와 더불어! 요컨대 온갖 범주의 상처입은 독수리들과 더불어 말이다.

나는 인간의 마음이 상처입은 독수리와 같다고 여긴다. 그림자와 빛으로 짜여져, 영웅적인 행동과 지독히도 비겁한 행동 둘 다를 할 수 있는 게 인간의 마음이요, 광대한 지평을 갈망하지만 끊임없이 온갖 장애물에, 대개의 경우 내면적인 장애물에 부딪히는 게 바로 인간의 마음인 것이다.

가난한 자들의 복음

　절망한 사람들을 '당당히 선 사람'들로 바꿔놓은 변화와 더불어, 자신들을 위한 작은 집이 완성되면 금세 희망을 되찾는 가련한 가족들과 더불어 시작된 이 모험은 '되는 일이 있고, 안되는 일이 있다'는 원칙을 준수하라고 배운 교육을 송두리째 뒤흔들어 놓았다.
　이런 사건들 덕에 나는 다른 가치들을 찾지 않을 수 없게 되었다. 그 가치들을 나는 복음서에서 새롭게 발견했다. 새로운 감성으로 다시 읽은 복음서는 의혹을 뛰어넘게 해주고 내게 희망의 길을 열어주었다.
　나는 복음서를 읽고 또 읽었다. 거기서 나는 기도에서부터 사회적 관계, 약혼, 가정생활, 예의범절을 규정하면서 세세한 사실까지 종교의 이름으로 규제하려 드는 엄청난 규정들에 과감하게 반론을 제기한 예수님을 보았다. 또한 끊임없이 '상처입은 독수리'들을 만나 그들에게 희망을 다시 안겨주던 예수님도 발견했다.

예를 들자면, 자캐오(Zachée)라는 사람이 있다(루가복음 19장). 그는 로마 점령군을 위해 세금을 거둬들이던 비열한 인간이었다. 로마 당국이 요구하는 걸 바칠 수 있도록 그에게는 이스라엘 백성들에게 마음대로 세금을 매길 수 있는 권한이 부여되어 있었다. 따라서 그는 대적협력자일 뿐 아니라 강도이기까지 했던 셈이다! 어느 날 예수께서 예리고 마을을 지나고 계셨다. 자캐오는 예수가 어떤 분인지 알고 싶었다. 하지만 키가 작은 그로서는 군중에 가려 그를 볼 수가 없었다. 그는 예수가 지나가는 걸 보려고 앞으로 달려가 돌무화과나무 위에 올라갔다. 그곳에 이른 예수께서 눈을 들어 그에게 말했다. "자캐오야, 어서 내려오너라. 오늘은 내가 네 집에 머물러야 하겠다." 자캐오는 얼른 나무에서 내려와 기쁜 마음으로 예수를 모셨다. 그러자 군중들이 수군거렸다. "저 사람이 죄인의 집에 들어가 묵는구나!" 그러나 자캐오는 예수께 말했다. "주님, 저는 제 재산의 반을 가난한 사람들에게 나누어주렵니다. 그리고 제가 남을 속여먹은 것이 있다면 그 네 갑절은 갚아주겠습니다." 예수께서는 이렇게 대답하셨다. "오늘

이 집은 구원을 얻었다. 이 사람도 아브라함의 자손이다. 사람의 아들은 잃은 사람들을 찾아 구원하러 온 것이다."

하루는 공동체의 한 형제가 복음서를 주워 뒤적이고 있었다. 그는 그때까지 복음서를 읽은 적이 없었다. 그가 다른 형제들에게 이렇게 말했다. "너 모르냐? 이 안에 재미난 이야기들이 있어!"

실제로 복음서에는 갖가지 상황에 처한 사람들에게 희망을 주는 예수에 관한 많은 이야기들이 있다! 내가 50년째 함께 살고 있는, 깨지고 찌부러지고 상처입은 이 많은 사람들은 예수께서 만났던 그 사람들과 너무도 닮았다.

우리가 맞아들였던 첫번째 가족, 어머니 한 사람에 아버지가 둘인 가족의 이야기는 사마리아 여인의 가족(요한복음 4장)과 닮지 않았는가? 예수께서 물을 청하자 사마리아 여인은 깜짝 놀랐다. 유대인들은 사마리아인에게 무엇을 청하는 법이 없기 때문이었다. 두 민족은 원한관계에 놓여 있었다(나는 얼마 전에 벨파스트에 다녀왔는데, 그곳의 개신교도와 가톨릭교도 사이도 이와 비슷했다). 유대인들은 사마리아인들을 경멸하며 상종하지 않았기에, 사마리아 여인이 이렇게 말했던 것이다. "당신은 유대인이고 저는 사마리아 여자인데 어떻게 저더러 물을 달라고 하십니까?" 그러자 예수께서 대답하셨다. "하느님께서 주시는 선물이 무엇인지, 또 너에게 물을 청하는 내가 누구인지 알았더라면 오히려 네가 나에게 청했을 것이다. 그러면 내가 너에게 샘솟는 물을 주었을 것이다." 물동이를 이고 우물로 물을 길러 다니는 데 진력이 난 그 여자는 이렇게 말했다. "선생님, 우물이 이렇게 깊은 데다 선생님께서는 두레박도 없으시면서 어디서 그 샘솟는 물을 떠다 주시겠다는 말씀입니까? 선생님께서는 이러한 우물을 우리에게 주신 야곱보다 더 훌륭하시다는 말씀입니까?" 그러자 예수께서 대답하셨다. "이 우물물을 마시는 사람은 다시 목마르겠지만 내가 주는 물을 마시는 사람은 영원히 목마르지 않을 것이다. 내가 주는 물은 그 사람 속에서 샘물처럼 솟아올라 영원히 살게 할 것이다." 이 말씀을 듣고 그 여자는 "선생님, 그 물을 저에게 좀 주십시오. 그러면 다시는 목마르지도 않고 물을 길러 여기까지 나오지 않아도 되겠습니다" 하고 말했다. 예수께서 그 여자에게 "가서 남편을 불러오라" 하셨다. 그 여자가 남편이 없다고 대답하자 예수께서는 "남편이 없다는 말은 숨김없는 말이다. 너에게는 남편이 다섯이나 있었고 지금 함께 살고 있는 남자도 사실은 네 남편이 아니니 너는 바른 대로 말하였다" 하고 말씀하셨다.

그러자 그 여자가 말했다. "과연 선생님은 예언자이십니다. 그런데 우리 조상은 저 산에서 하느님께 예배드렸는데 선생님네들은 예배드릴 곳이 예루살렘에 있다고 합니다." 예수께서는 이렇게 말씀하셨다. "내 말을 믿어라. 사람들이 아버지께 예배를 드릴 때에 '이 산이다' 또는 '예루살렘이다' 하고 굳이 장소를 가리지 않아도 될 때가 올 것이다. 너희는 무엇인지도 모르고 예배하지만 우리는 우리가 예배드리는 분을 잘 알고 있다. 구원은 유대인에게서 오기 때문이다. 그러나 진실하게 예배하는 사람들이 영적으로 참되게 아버지께 예배를 드릴 때가 올 터인데 바로 지금이 그때이다. 아버지께서는 이렇게 예배하는 사람들을 찾고 계신다. 하느님은 영적인 분이시다. 그러므로 예배하는 사람들은 영적으로 참되게 하느님께 예배드려야 한다." 그 여자가 "저는 그리스도라 하는 메시아가 오실 것을 알고 있습니다. 그분이 오시면 저희에게 모든 것을 다 알려주시겠지요" 하자, 예수께서는 "너와 말하고 있는 내가 바로 그 사람이다" 하고 말씀하셨다.

　종교가 갇혀 있는 파벌의식을 깨뜨리는 이 대화를 읽으면 성스런 땅으로 인해 비롯된 불화들이 어찌 고통스럽게 느껴지지 않겠는가? 그것이 어찌 가혹한 상처로 다가오지 않겠는가? 서로 다르지만 형제인 우리가 피 흘리는 싸움을 그만두고 함께 살 수는 없는 것인가?

　이 '상처입은 독수리' 이야기들은 우리의 공동체 형제들이나 우리가 도와준 가족들에게 시사하는 바가 크다. 그들 또한 착취 당했었고 절망했었기에 그렇다. 비열한 세리(稅吏)를 변화시키는 예수를 보면서 그들은 희망을 가졌다.

한 가지 중요한 점을 꼭 밝히고 넘어가야겠다. 오직 복음을 따르는 엠마우스 운동의 공동체들은 종파와는 절대적으로 무관하다. 우리는 그 누구에게도 "신자세요, 교회에 다니십니까? 우파세요 좌파세요? 투쟁가이십니까 협력자이십니까?"라고 묻지 않는다. 그런 질문은 절대로 하는 법이 없다. 처음 오는 사람이 있으면 그저 이렇게 물을 뿐이다. "배고프세요? 졸리십니까? 샤워를 하시겠습니까?" 그리고 미사에 가건 아니면 다른 모임에 가건 그것은 전적으로 각자의 자유다.

분명히 말하지만 그들 가운데 아주 적은 수만이 신앙생활을 한다. 하지만 그들은 우리가 복음서에서 끄집어낸 '이야기들'을 들려주면 좋아한다. 그 이야기들을 통해 그들은 예수께서 건강한 자들과 관례를 잘 따르는 자들을 위해 온 것이 아니라 가난한 자들, 길 잃은 자들, 죄인들, 의심하는 자들을 위해 왔다는 사실을 알게 된다.

앞에서 말한 엠마우스 초기 때의 추억들과 마찬가지로, 복음서가 들려주는 내용 또한 인간조건을 그대로 드러내 보여준다. 우리는 자유와 존엄과 광대한 지평과 행복과 건강과 형제애를 갈구하면서, 대부분 두려움과 수치심과 낙담과 추위와 전쟁과 질병 속에 살고 있다. 어느 위치에 있건 우리 모두는 상처입은 독수리들인 것이다. 인류의 역사가 들려주는 게 다른 얘기이던가?

열광적인 환멸

전쟁이 끝난 뒤 나는 낭시의 국회의원으로 선출되었다. 때문에 파리에다 임시거처를 마련해야만 했다. 우여곡절 끝에 뇌이-플레장스에 1만 평 가량 되는 정원이 딸린 집 한 채를 찾아냈다.

그 집은 전쟁 동안 거덜이 나서 아주 헐값에 팔려고 내놓은 상태였다. 내가 그곳에 도착하자 온 동네 사람들이 의아해했다. 그들은 수단을 입은 사제가 국회 휘장을 단 자동차를 타고 오는 걸 어안이 벙벙해서 바라보았다. 게다가 도착하자마자 작업복으로 갈아입고는 지붕을 수리하기 시작하자 모두가 나를 미친 사람으로 여겼다.

집수리를 마친 뒤 나는 그 집을 유스 호스텔로 개조했다. 나한테는 너무 큰 집이었기 때문이다.

그 시절에 나는 세계연방을 위한 범국가운동 집행부의 대표를 맡고 있었다. 그 위원회의 회장은 보이드 오르(Boyd Orr) 경으로 FAO(세계식량농업기구)의 창시자이다. 아인슈타인도 그 위원 가운데 한 사람이었기에 나는 여러 차례 그와 얘기할 기회를 가질 수 있었다. 유럽 곳곳에서 개최되는 회의에 참석하는 일도 많았다. 그래서인지 휴가를 보내러 이 유스 호스텔을 찾은 유럽의 많은 젊은이들은 나와 만나는 일을 즐거워했다.

당시 나는 그들에게서 아주 놀라운 점을 발견했는데, 지금의 젊은이들에게서는 상상하기도 힘든 점이다. 누구보다 명석한 그 젊은이들이, 승자 쪽이건 패자 쪽이건 간에 전쟁이 끝난 기쁨에 도취되기보다는 슬퍼했으며 삶을 두려워했다는 사실이다.

나치 수용소에서 살아남은 자들의 참혹한 행렬이 속속 도착하던 때였다. 적십자의 자원봉사자로서, 죽음의 수용소로부터 와서 파리의 큰 호텔에 맡겨진 그 산송장들을 간호했던 한 젊은 여성이 생각난다. 그 일로 그녀는 인간의 육신 자체를, 특히 자신의 육신을 끔찍이 혐오하게 되었다. 그녀의 나이는 스무 살이었다. 그녀가 회복되기까지는 몇 년의 시간이 필요했다.

승자 진영에서는 원자폭탄의 결과가 어떠한지를 알기 시작했다(당시에도 진실을 말하지 않았고 오늘날조차도 완전한 진실을 밝히지 않고 있지만). 폭탄 두 개로 18만 명이 즉사했을 뿐만 아니라 아직 어머니 뱃속에 들어 있는 아이들도 있고, 기형으로 태어난 아이들도 있었다.

이처럼 인간이 인간에 대해 어떻게까지 행동할 수 있는지를 본 그 젊은이들은 인간성 자체에 대해 의혹을 품었다. 삶이라는 게 살아질 가치가 있는지조차 의심했다. 나는 환멸을 느낀 그 젊은이들을 생각하며 복음서를 읽다가 엠마우스의 제자들에 대해 이야기하는 루가복음의 한 대목(24장)에 이르게 되었다. 그리스도가 죽은 후 예루살렘을 떠나가는 그 두 사람의 절망이 내게 절절히 다가왔다.

그들은 예수께서 성지주일(샹젤리제 거리에서 시가행진이 벌어지는 날)에 군중의 환호를 받으며 왕으로 선포되어 이스라엘 백성을 로마의 속박으로부터 구해내리라 생각하고 있었다. 그런데 며칠 뒤에 일어난 일은 그분의 임종이었다. 예수께서는 기적을 행하지 않으시고 고스란히 학대받고 고문당하신 것이다. 결국 그는 도둑과 다름없이 십자가 위에서 죽었다. 제자들은 모두가 겁에 질렸다. 그들은 로마인들과 유대 장로들이 두려워 숨거나 예루살렘으로부터 달아났다. 완전한 참패였다. 다른 사람들처럼 이 두 제자도 달아났다.

그렇게 길을 가던 그들은 저녁 무렵에 한 여행객을 만났다. 그 여행객이 그들에게 물었다. "왜 그리 침통한 표정이오?" 그들이 대답했다. "예루살렘에 머물러 있던 사람으로서 요새 며칠 동안에 거기에서 일어난 일을 모르다니, 그런 사람이 당신말고 어디 또 있겠습니까?" 그리고는 최근에 일어난 슬픈 사건에 대해 그에게 얘기해준다. 그들이 미처 알아보지 못한 그 여행객은 다름아닌 부활하신 예수였다. 예수께서는 수난을 통한 구원을 알리는 구약성서의 내용들을 일러준다. 메시아는 그들이 상상하는 것처럼 승리자의 모습이 아니라 고난받는 초라한 모습일 것이라는 내용이었다.

저녁이 되어 그들은 숙소에 이르렀다. 두 사람이 서둘러 들어가 허기를 때우려 할 때 여행객은 가던 길을 계속 가려 한다. 그때 그들이 한 말을 난 참으로 좋아한다. "이젠 날도 저물어 저녁이 다되었으니 여기서 우리와 함께 묶어가십시오." 이것은 우리가 형제들의 무덤에 새기고 싶어하는 말이다.

식탁에 앉은 여행객이 빵을 들어 감사의 기도를 드린 뒤 그것을 떼어 그들에게 나누어준다. 그제서야 그들은 예수를 알아본다. 그런데 예수께서는 불현듯 사라진다. 그들은 "길에서 그분이 우리에게 말씀하실 때나 성서를 설명해주실 때에 우리가 얼마나 뜨거운 감동을 느꼈던가!" 하고 입을 모아 말하였다. '뜨거운 감동'이라는 말에서 알 수 있듯이, 그들이 믿음을 되찾은 건 합리적이고 논리적인 추론을 통해서가 아니라 사랑을 통해서이다. 이 얼마나 멋진 일인가.

이제 비겁한 도망자들이 변했다. 그들은 그리스도께서 부활하셨다는 기쁜 소식을 알리기 위해 위험을 무릅쓰고 오던 길을 되돌아 예루살렘을 향해 달려간다. 성 목요일 만찬과 성찬 제정이 있었던 최후 만찬실로 간다. 몸을 숨기고 있을 사도들을 그곳에서 만날 수 있을 것이라 생각했던 것이다. 도착하자마자 그들은 기쁜 소식을 외친다. "예수께서 살아 계십니다!" 사도들이 대답한다. "베드로에게도 나타나셨으니 그것이 진정 사실이구나." 이 순간 이후로 예수께서는 지금의 모습으로, 즉 우리가 육신으로부터 부활할 때 그러하듯, 영광스런 육신의 모습으로 나타나신다.

'엠마우스(엠마오)의 순례자들'이라 일컬어지는 이 복음서 구절을 읽던 중 문득 내게 한 가지 인생 철학이 떠올랐다. 그것을 나는 '열광적인 환멸'이라 이름붙였다.

나는 나무판자 하나와 페인트를 가지고 와서 굵은 흰색 글씨로 '엠마우스'라고 썼다. 그리고는 그 푯말을 정원 입구 철책문에다 걸어두었다.

사람들이 그것이 의미하는 바를 내게 물어왔다. 질문을 한 젊은이들에게 나는 삶이란 그것이 시작된 순간부터 우리에게 환상에서 벗어날 것을 요구한다고 설명하기 시작했다. 어린아이는 예쁜 것을 보면 그것이 불일지라도 다가가서 만지고 싶어한다. 그러다 손을 데면 다시는 가까이 가지 않는다. 말하자면 그 아이는 환상을 품고 있다가 깨어난 것이다. 어른들도 마찬가지이다. 삶은 점차 우리가 환상으로부터 벗어나 현실에 다가가도록 인도한다. 그때가 되면 우리는 열광(enthousiasme)을 경험하게 될 것이다. 그리스어로 'en'은 '하나'라는 의미이며, 'theos'는 '하느님'을 의미한다. 따라서 '열광하는 자(enthousiaste)'란 하느님과 하나가 된 자를 말한다. 그런데 이 결합이 있기 위해서는 먼저 환상으로부터 해방되어야만 하는 것이다.

이것을 나는 환상에서 벗어난 젊은이들에게 이와 같이 설명하곤 했다. "여러분들은 환멸을 경험하고 있습니다. 그 상태에서 벗어나서 삶의 현실 속으로 들어가는 것은 여러분들이 해야 할 일입니다. 그렇게만 한다면 여러분은 사랑이신 하느님을 만날 수 있을 것입니다."

나는 정원 입구에 이 푯말을 걸 때까지만 해도 얼마 후에 일어날 일에 대해 눈곱만치도 생각지 못했다. 젊은이들 대신에, 누구보다 혹독한 환멸에 사로잡힌 사람들이 그 많은 침대들을 하나둘씩 채우게 될 줄 몰랐던 것이다. 그들은 삶에서 깨지고 부서진 그런 사람들이었다. 가정이 파괴된 사람, 감옥에서 나온 사람들, 아이들과 함께 버림받은 부인들, 알코올중독자들……

오로지 복음서의 엠마우스 이야기에 토대를 두고 세워진 집에 들어선다는 건 얼마나 멋진 일인가. 그것이 내게는 마음속 깊이 감동을 주는 참으로 특별한 그 무엇이었다. 이따금 하느님께서 우리에게 보내시는 신호와도 같았다. 왜냐하면 '엠마우스'라는 푯말을 쓰면서도 삶에서 환멸을 느낀 사람들, 참된 희망을 되찾을 필요가 있는 사람들이 곧 그처럼 많이 들이닥치리라고는 상상도 못했기 때문이다.

희망

본질적인 문제에 관해서는 항상 그렇듯이 단어의 의미에 대해 합의부터 구하기로 하자. 우리가 토론에 앞서 사용할 주요 단어들의 의미에 대해 합의부터 한다면 얼마나 많은 언쟁을 피할 수 있겠는가!

희망을 소망과 혼동하지 말자. 우리는 온갖 종류의 수천 가지 소망을 가질 수 있지만 희망은 단 하나뿐이다. 우리는 누군가가 제 시간에 오기를 바라고, 시험에 합격하기를 바라며, 르완다에 평화가 찾아오기를 소망한다. 이것들은 개개인의 소망들이다.

희망은 전혀 다른 것이다. 그것은 삶의 의미와 밀접하게 연관되어 있다. 만약 삶이 아무런 목적지도 없고, 그저 곧 썩어 없어질 보잘것없는 육신을 땅 속으로 인도할 뿐이라면 살아서 무엇

하겠는가?

희망이란 삶에 의미가 있다고 믿는 것이다.

희망은 우리 스스로 구원이 필요하다는 사실을 깨달을 때 생겨난다. 절망적인 상황이라고 느끼지 않는 사람에게 '구원'이 무슨 의미가 있겠는가? 곤경에 처했다는 의식이 있을 때에만 우리는 구원받을 수 있다. 이러한 의식은 두 가지 국면에서 생겨날 수 있다고 여겨진다.

우선, 우리는 열망들을 품는다. 알고자 하는 열망, 사랑하고자 하는 열망, 주고자 하는 열망, 받고자 하는 열망, 열광적으로 행동하고자 하는 열망, 자신의 한계를 뛰어넘고자 하는 열망. 이 열망들을 이루지 못한 채 몇십 년 동안이나 품고만 지냈다면 우리는 우리의 인생이 실패했다는 느낌을 갖는다. 그럴 때, 부정적 의미의 환멸로부터 구원이 필요하다. 우리가 환상과 더불어 열광도 잃어버렸기 때문이다. 그런가 하면 우리는 현실과 직면하지 않으려고 환상 속에 안주할 수도 있다. 불행히도 이는 자주 있는 일이다.

인간은 무한자를, 영원을, 절대자를 향한 열망을 품고서 유한한 세계 속에, 시간 속에, 상대적인 세계 속에 살고 있다. 그러므

단순한 기쁨

로 근본적으로, 다시 말해 존재론적으로 만족스럽지 못한 상태이다. 이 점을 의식하지 못할 때 인간은 무엇보다 근원적인 열망들을 소유의 영역에다 쏟는다. 끊임없이 물질적 재산과 즉각적인 쾌락을 추구하지만 그것은 결코 그를 채워주지 못할 것이다. 그러므로 그는 영원히 만족하지 못할 것이다. 그것은 그가 진정한 재산의 의미를 잘못 알고 있기 때문이다.

명석하게 보지 못할 때 인간은 자기자신조차도 속이고, 만족스럽다는 환상이나 또는 잘못된 방식으로도 만족에 이를 수 있으리라는 환상 속에서 살 수 있다. 하지만 그것은 만족을 느끼는 것이라기보다는 인간이기를 포기한 것이 아니겠는가?

아프거나 고통을 겪거나 빈곤 속에서도 우리는 구원의 필요성을 느낀다. 삶이 시험과 온갖 시련의 연속일 때 그렇다. '사랑은 죽음만큼 강하다'라는 하느님의 말씀이 우리에게 제시하는 것이 구원이다. 바로 이것이 희망인 것이다. 죽음 앞에서는 나를 구속하던 모든 한계들과 모든 시련들이 기쁨과 사랑의 충만함에 자리를 양보하고 사라진다.

영생은 우리가 하느님과 합일된 충만함 속에 사는 것이라고 나는 확신한다. 토마스 아퀴나스는 누구나 지고의 행복으로 충만하리라고 말했다. 우리가 골무 크기로 작아지거나 포도 재배자들

상처입은 독수리들

의 말처럼 포도주통만해진다 해도 모두가 충만하게 채워질 것이다. 우리가 열망하는 게 아주 적고 하느님과 우리 이웃을 기꺼이 사랑한다면 우리는 골무만한 크기의 행복을 가질 것이며, 그것으로 충만할 것이다. 또한 우리가 거대한 웅덩이와 같은 무한한 갈증을 키우고 그것을 열렬히 좋아한다 하더라도 충만할 것이다. 우리 갈증과 우리의 사랑의 크기에 걸맞는 충만함이 우릴 채울 것이다.

그리스도교적 희망이란 우리의 기다림이 헛되지 않을 것이라는 희망이다. 이걸 잘 표현해주는 단순한 이미지들이 있다.

기계라고는 보지 못한 원시 마을을 트럭 한 대가 지나면서 암나사 하나를 떨어뜨린다고 상상해보자. 명석한 사람은 그 암나사가 어떻게 생겼는지 봄으로써 수나사가 어떠할지를 알게 될 것이다.

이제 막 도장을 떼어낸 밀랍을 상상해보자. 밀랍이 마르고 나면 우리는 인장의 세세한 부분까지 알 수 있다. 밀랍은 인장의 무엇 하나 놓치지 않고 음각으로 잡아둔다. 그와 같은 방식으로 우리는 우리의 열망과 사랑에 대한 갈망에 촉각을 곤두세움으로써 하느님에 대한 개념을 잡을 수 있다. 왜냐하면 우리가 '하느님의 형상에 따라' 만들어졌다고 말씀은 전하기 때문이다. 이처럼, 우리 내면에서부터 갈망과 호소와 '빈자리'로 다가오는 모든 것들을 관찰함으로써 우리는 하느님의 무언가를 짐작할 수 있다. 희망이란 하느님께서 이 기대들과 갈증을 채워줄 것이며 이 호소에 답하실 거라는 확신이다.

아름답다고 이름난 채석장을 예로 들어볼 수 있다. 대리석 채석장에 가보면 보이는 것이라곤 폐기물과 돌멩이들, 포석으로조차 쓸 수 없는 쓸모없는 대리석 파편들뿐이다. 어째서 그러한가? 우리가 세우고자 하는 멋진 건축물―교회나 성―이 구상되는 건 채석장을 뒤지면서이지만 그렇다고 건축물을 그곳에다 건립하는 건 아니기 때문이다. 멋진 돌을 찾아내면 그것은 곧 짐수레에 실려 옮겨진다.

우리는 모두 삶이라는 아름다운 채석장에서 일하는 인부들과 같다. 다른 곳에서 건축되고 있는 멋들어진 건축물의 도면을 우리가 한번이라도 본 적이 있는가?

인간적 삶 속에, 시간 속에 빠져 있는 한 우리는 돌멩이들을 추출해내기 위해 녹초가 되고 땀 흘리는 모습만을 볼 뿐이다. 건축물은 시간을 초월한 곳, 우리가 영원이라 부르는 다른 세상에서 세워지고 있다. 우리는 죽고 나서야, 시간의 그림자를 떠나 영원한 삶으로 들어가고 나서야 그 건축물의 전모를 볼 수 있을 것이다. 현세에서는 그 아름다움을 맛볼 수 없다. 허나 그것에 대한 개념만큼은 가질 수도 있다. 건축가가 우리에게 설계도를 보여주어 희미한 불빛에 몇 번 흘깃 보았을 수도 있기 때문이다. 하지만 환한 빛이 비추는 가운데 그것을 바라보는 기쁨을 누린다는 건 전혀 다른 얘기다.

삶이란 지고의 아름다움을 추구하는 거대한 작업장과도 같다.

희망이란 우리 안에서 빈자리로 호소되는 것 모두를 하느님께서 채워줄 것임을 아는 것이다. 하지만 거기엔 한 가지 조건이 있다. 사랑을 베풀어야 한다는 조건이다. 최선을 다해 사랑을 베풀려고 애쓰기만 하면 되는 것이다.

다행스럽게도 이미 오래 전부터 교회는, 세례를 받아 이름이 목록에 오른 충실한 신자들만이 구원받을 것이라고 단정짓지 않는다! 수천 년 동안 지구에 살았던 수천 억에 달하는 사람들 가운데 성경과 복음과 예수를 알았던 이들이 몇 퍼센트나 되겠는가? 그 수는 미미할 뿐이다. 그렇다, 그리스도교 계시에 대해 알 길이 없는 외진 곳에 있었기에 무지할 수밖에 없었던 영혼들의 내면에는 성령께서 대신하여 말을 건네셨다. 성령께서는 사람들이 악의 유혹을 느끼는 순간 그들의 마음속에서 선의 유혹을 불러일으키려고 힘쓰셨다.

그러므로 우리는 각자의 마음속에서 동요하는 자유를 매순간 선택하게끔 되어 있었다.

이 문제에 이르니 내 의견과 정반대의 의견을 가졌던 사람들과의 우정어린 만남에 대한 추억이 떠오른다.

내가 레지스탕스에 가담하기 직전인 1942년의 일이었다. 프랑스는 비시 정부의 통치하에 있었다. 나는 신학교였다가 세기 초에 반교권주의 법률이 통과된 뒤로 정부 치하로 넘어간 작은 학교의 부속사제로 임명되었다. 그 학교는 성직자라면 잡아먹으려고 드는 비신자 교사들에게 맡겨진 초현대식 농업교육장이 되어 있었다.

부모들의 요구에 따라 신도 가정의 아이들을 매주일마다 미사에 데려가는 일을 맡았던 교사 한 사람이 생각난다. 그는 교회에 가면 편안한 자세로 자리잡고는 보란 듯이 신문을 활짝 펼쳐들어 읽곤 했다.

그럼에도 나는 몇몇 교사들과 좋은 관계를 유지했는데, 특히 남몰래 자신의 손자가 첫 성체배령을 받도록 준비시켜달라 하던 교장과의 관계는 각별했다. 나는 반교권주의자 교사들과 깊이 있는 토론을 종종 나누곤 했다. 사실 그들은 인류의 진보를 굳게 믿고 있었다. 인간을 깨지고 상처입은 존재로 간주하는 그리스도교의 원죄 이론 때문에 그들은 나를 염세주의자로 여겼다. 반대로 그들은 인간을 믿었으며, 기술과 과학의 발전이 찬란한 내일을 가져다주리라 기대하고 있었다.

나는 그들에게 이렇게 말하곤 했다. "내가 당신들을 딱하게 생각하는 것은, 인류역사에서 과학과 기술의 발달이 가져다주는 물질적 발전은 확인할 수 있을지 몰라도, 도덕적 발전과 행복은 그 어디에 있는지 모르겠다는 점 때문입니다. 지금 우리는 한창 전쟁중입니다. 전쟁은 깨끗하지도 아름답지도 않습니다. 덧붙이자면 나는 이 20세기를 사는 우리가 인간에 대한 환멸의 끝을 경험하고 있는 게 아니라고 확신합니다." 죽음의 수용소와 원자폭탄의 위력을 알게 되기 몇 년 전에 한 말이었기에, 불행한 일이지만 나는 이조차도 제대로 말했다는 생각이 들지 않았다.

나는 또 말했다. "내 생각은 인간이 흉악한 짓을 할 수 있다는 확신에서 출발하기 때문에 당신들처럼 좋은 남편이자 좋은 가장으로서 각자의 직업과 이상에 헌신하는 사람들을 보면 감탄합니다. 이해관계를 떠난 아름다운 행동을 보면 그것이 아무리 작은 것일지라도 감탄합니다. 인류라는 퇴비더미 위에서 피어나는 작은 꽃을 보는 것이기 때문입니다. 당신들이 '염세주의'라고 부르는 관점에서 출발한 나는, 악도 있지만 선도 존재한다는 것을 알게 됨으로써 환희 속에 내 생을 마칠 것입니다. 하지만 인간이 선

단순한 기쁨

하다는 낙천주의적 관점에서 출발한 당신들은 끝에 가서는 어쩌면 약간은 씁쓸한, 약간은 신랄한 생각에 이르게 되어 이렇게 말할지도 모르지요. '학문적 차원이 아니라 인간적 가치 차원에서 발전을 결산해본다면 그다지 유쾌하지는 않네!' 라고 말입니다."

부조리와 신비

이미 얘기했듯이, 재능도 있고 뛰어난 능력을 발휘할 수 있는데도, 풍자적 표현을 그대로 빌리자면 '속물적으로' 살며, 모든 일에 가능한 한 안전한 길을 택하는 사람들이 있다. 그들은 안심하고 산다. 세상의 잔혹한 일들로 고통받지 않기 위해, 그 비탄으로부터 숨기 위해 그들은 기분전환을 통해 정신을 달래거나 잠들려고 애쓴다.

일을 마치고 저녁에 집으로 돌아와 실내화에 발을 푸근히 집어넣은 채 소파에 안락하게 자리잡고는 음악을 듣거나 텔레비전을 보는 용감한 사람을 난 상상한다. 갑자기 창문이 깨지고 누군가 그에게 소리친다. "어서, 피하세요!" 그러자 그가 외친다. "조용히 해요, 대체 거기서 뭐 하는 거요?" "모르세요? 집에 불이 났다구요!"

자신들이 구원받아야 할 상황에 놓였다는 걸 알지도 못하고 보고 싶어하지도 않는 사람들이 있다. 자신들이 몸을 은신하고 있는 안전이란 것이 표면적일 뿐이며, 자신들의 본질적 존재와 진정한 사랑의 필요성과는 무관한 것임을 알게 됐을 때 그들은 얼마나 실망하겠는가. 그래서 소방관들이 그들에게 소리쳐야만 하는 것이다. "어서요, 다른 사람들도 구출해야 합니다. 사다리가 저기 있어요. 증서나 귀중품 따위는 다 버리시고 창문으로 나오세요." 이 소방관들은 희망의 교사들이요, 의식을 일깨우는 자들이다.

소크라테스, 부처, 에픽테토스, 예수 그리고 그 외의 또 다른 역사 속의 인물들이 마비상태에 빠져 있는 인간을 깨워서 환상을 벗게 하고 구원의 필요성을 일깨우려고 애써왔다.

한편 부조리를 일깨우고 절망을 가르치는 이들 또한 있다. 특히 사르트르의 경우가 그렇다고 난 생각한다. 그의 자전적인 책 『말 Les Mots』에서 그는 자신이 자취를 남기지 않는 말들을 배열하는 데 생을 허비했다는 사실을 스스로 인정한다. 그의 동료 시몬 드 보부아르는 죽기 전에 이렇게 썼다. '우리의 관념은 모호했다.' 모호했다고? 누구 때문에? 바로 자신들 때문이 아닌가?

두 사람은 모두 용기 있는 사람들이었다. 그들은 자신들이 타고난 부르주아 배경과는 다른 입장에 섰다. 그들에게는 분명 하느님 앞에 내세울 만한 가치가 있다. 나는 그들을 심판하려는 것이 아니다. 하지만 그들은 절망의 교사들이었다. 그들의 제자 가운데 많은 사람들이 그들의 가르침을 끝까지 고수하다 끝내 자살하고 말았다.

나는 카뮈도 생각한다. 해방 후에 한때 우리는 《콩바 Combat》에서 함께 일한 적이 있다. 그는 모든 일에 성실했다. 그것이 그와의 만남에서 가장 돋보이던 점이다. 그는 이런 유명한 말을 남겼다. "나는 어린아이들을 저렇게 고통받도록 내버려두는 하느님에게 나의 믿음을 바칠 수 없다." 본질적으로 카뮈는 부정적 의미의 '환멸을 느낀 자'였다. 그것은 그에게 통찰력과 너그러운 마음이 있었음을 말해준다. 그는 자신을 열광적인 환멸로 인도할 유일한 길인 희망을 끝내 찾지 못했다. 그래서 그는 사르트르와는 분명히 다른 방식이긴 하면서도 사르트르만큼이나 부조리를 일깨우는 자로 남고 말았다. 그는 세상 곳곳, 인간의 마음속을 지배하고 있는 악을 볼 줄 알았다. 하지만 하느님께서 인간의 마음속에 빈자리로 각인해놓으신 사랑은 보지 못했던 것이다. 희망은 감춰진 그 신비한 사랑 위에 놓여 있는 것이다.

군복무 기간 동안 우연히 잡지 한 권이 내 손에 들어오게 되었는데, 거기엔 에르네스트 프시샤리(Ernest Psichari)의 책에 관한 글이 있었다. 프시샤리는 그 어느 때보다 세속적인 시절의 파리에서 살았다. 그는 르낭(Renan 1823~1892, 합리주의적 시각으로 그리스도교와 예수를 연구한 프랑스 작가―옮긴이 주)의 손자였다. 한데 그는 스물두 살의 나이에 자살을 기도했다. 클로델과의 서신교환으로 잘 알려진 자크 리비에르(Jacques Rivière)가 때마침 와서 기적적으로 그의 목숨을 구했다. 자살에 실패하고 나서 그는 예비역 장교였음에도 군대에 자원입대하고는 사하라 사막으로 배치해줄 것을 요청했다. 거기서 그는 세 권의 멋진 작품을 쓴다. 『군대의 부름』, 『사막에서 외치는 목소리들』, 그리고 가장 아름다운 작품인 『백인대장의 여행』이 그것이다. 이 마지막 작품은 내 마음을 송두리째 뒤흔들어 놓았다.

이 작품에서 프시샤리는 자신의 심정을 토로한다. 어느 날 밤, 별이 무수히 빛나는 하늘 아래서 그는 무릎을 꿇고 외친다. "아냐, 아무 곳으로도 인도하지 않는 길이 참된 길일 리가 없어." 그리고는 땅에 엎드린 채 이렇게 말한다. "위대하신 할아버지의 생각을 잘 알고 있는데도, 내 내면 깊이에서부터 솟아나는 것은 '하늘에 계신 우리 아버지'라는 말이야."

그리스도의 비극적인 최후 앞에서 사도들 역시 부조리와 신비 가운데 선택을 해야만 했다.

이스라엘 백성들은 침략자 로마의 속박으로부터 그들을 구해 낼 구세주를 기다리고 있었다. 제자들에게는 예수가 그 구세주 임이 명백했다. 성지주일에 당당한 모습으로 예루살렘에 입성하면 그 사실이 입증되지 않겠는가? 그래서 예수께서 올리브 산에서 붙잡혔을 때도 베드로는 칼을 빼어들어 대사제의 종의 귀를 자른다. 그런데 예수께서는 그러지 말라고 손수 말리신다. 그리고는 이튿날 빌라도에게 말씀하신다. "내 왕국은 이 세상의 것이 아니다."

예루살렘에 올라 사형선고를 받고 죽어야만 한다고 예수께서 사도들에게 직접 설명하는 구절도 있다. 그 같은 생각을 받아들이지 못하는 베드로가 "그럴 리가 없습니다" 하고 응수한다. 그러자 예수께서는 "사탄아, 물러가라. 하느님의 일은 생각하지 않고 사람의 일만 생각하는구나" 하며 꾸짖으신다. 사도들에게는 구세주가 그의 멸망을 바라는 통치자들의 명으로 체포당하는 걸 보고, 기적을 행하는 능력을 사용하지도 않은 채 십자가에서 죽어가는 걸 본다는 게 그야말로 환멸의 시작이 아니겠는가! 그러자 사도들은 달아난다.

베드로와 유다가 보였던 그처럼 돌변한 태도를 어찌 이해하지 못하겠는가?

두 사람 모두가 환상에서 깨어났던 것이다. 그런데 베드로가 그리스도를 부인했던 사실로 인해 애통하게 울 만큼 희망을 버리지 않은 반면, 유다는 그 같은 부조리하고 처참한 광경 앞에서 아연실색하여 일시적인 승리자들과 동조하게 된다. 그는 부정적인 환멸에 머물렀으며, 그것이 그를 절망으로 몰아넣었다. 친구를 배반하게 한 이 절망은 결국 그를 자살로 몰고 간다.

인간의 삶은 희망과 절망, 빛과 어둠이 번갈아가며 이어진다. 샤를 보들레르가 한 친구에게 보낸 편지에서 쓴 비극적 외침이 생각난다. '나는 한밤중에 위험이 도사리고 있는 숲속에서 길을 잃고 어디로 가야 할지 모르는 여행자와 같다. 그런데 저 멀리서 불빛이 보인다. 아마도 산지기가 잠자리에 들려고 집으로 돌아가 촛불을 켠 것이리라. 이젠 살았다. 어디로 가야 할지를 알게 되자 모든 게 간단해졌다. 그런데 잠시 후 산지기가 불을 꺼버린다. 나는 다시 길을 잃고 만다. 희망이라곤 없다.' 이 편지는 내가 자주 떠올리곤 하는 다음의 시 구절과 더불어 끝이 난다. '악마가 여인숙 창문의 불을 모두 꺼버렸네.'

뛰어난 수학자이자 페루의 장관이기도 한 절친한 친구의 말을 나는 결코 잊지 못할 것이다. 그는 불가지론자였으며, 늘 무언가를 탐구했다. 어느 날 저녁 그는 이런 말로 우리의 대화를 결론지었다. "명철한 시각으로 삶을 바라보면 신비와 부조리 사이에서 양자택일할 도리밖에 없어." 그는 부조리가 절망으로 인도한다는 것과, 드러나지 않는 하느님, 사랑에 다름아닌 영원한 그분에 대한 믿음에 토대를 둔 신비는 희망의 원천이라는 사실을 알고 있었다.

그는 내 선택에 기쁨과 평화가 있음을 알았다. 어쩌면 그 역시도 그것들을 알아가던 참이 아니었을까?

알 수 없는 존재에 대한 확신 2

1932년 카푸친 수도원 시절

고통받는 자들에게 충고를 하려 들지 않도록 주의하자. 그들에게 멋진 설교를 하지 않도록 주의하자. 다만 애정어리고 걱정어린 몸짓으로 그 고통에 함께함으로써 우리가 곁에 있다는 걸 느끼게 해주는 그런 조심성, 그런 신중함을 갖도록 하자.

1941년 레지스탕스에 들어가기 전날

레지스탕스에 가담하면서 내 삶과 신앙에 새로운 한 장이 열리게 된다. 솔직히 말하건대 그 선택에는 정치적 동기라곤 없었다. 단지 인종적 박해 때문이었다.

전쟁 후, 뇌이-플레장스의 첫번째 엠마우스

엠마우스는 이렇게 탄생했다. 자살 미수범 한 사람과, 아내 하나에 남편이 둘인 가족, 아내와 아이들을 두고 외인부대에 지원한 기업가 집안의 엔지니어와 더불어! 요컨대 온갖 범주의 상처입은 독수리들과 더불어 말이다.

1950년 초의 피에르 신부와 그의 동료들

사람들이 내게 묻는다. "왜 우리는 이 땅에 태어나는 걸까요?" 그러면 나는 그저 이렇게 대답한다. "사랑하는 법을 배우기 위해서이지요."

타인과 공감하는 자, 홀로 만족하는 자

한번은 예기치 않게 앙드레 프로사르(André Frossard)와 함께 TV에 출연하게 되었다. 앙드레 프로사르는 그의 신앙 간증서인 『하느님은 계신다, 난 그분을 만났다』로 유명해진 인물이었다. 또한 《피가로 Figaro》의 짧은 기사에서 보여준 신랄한 필치로도 유명했다.

TV 대담에서 그가 말했다. "재미난 일이 있었습니다. 교회에 갔더니 설교자가 하느님을 '알 수 없는 분'이라고 말하더군요. 그래서 저는 교회를 잘못 찾아왔구나 생각하고 달아났지요." 이 말에 신경이 거슬린 내가 그의 말을 가로막고 나섰다. "그렇다면 사도신경의 '저는 믿습니다'가 '저는 압니다'로 바꾸기라도 했단 말입니까?" 이 말에 그는 웃기만 했다. 논쟁이 일어나지는 않았다. 사실 둘 다 틀린 말을 한 것은 아니었기 때문이다.

하느님을 알 방법이 있다고 말하는 그의 말은 옳다. 그러나 그것이 '나는 안다'라고 말할 수 있는 지식의 문제가 아님을 지적한 나 또한 옳았다. 믿음이란 논리적 추론의 결과도 수학적 계산의 귀결도 아닌 것이다.

실제로 우리는 믿음이 사랑의 영역에 속하는 것임을 확인하게 될 것이다. 물론 사랑이 성찰을 배제하는 것은 아니다. 이성은 단점과 장점들, 자신의 삶을 어떠어떠한 사람과 관계지을 때의 불리한 점과 이로운 점 등을 잰다. 그러나 그 결론은 수학 계산의 결과처럼 정확하거나 기계적이거나 절대적이지 않다. 추론이야 어떠했건 푹 빠져들게 되는 때도 있는 것이다. 그게 사랑 아닌가. 사랑에 빠진 남자에게 "그런데 왜 그 여자를 사랑합니까?"라고 묻는다면 그는 이렇게 대답할 것이다. "귀찮게 굴지 마시오. 설명이 뭐 필요하답니까. 사랑하니까 사랑하는 거지."

앙드레 프로사르와의 대화는 내 개인적 경험에 대해 자문해보게 만들었다. 나는 내가 살아온 환경과, 받은 교육과, 다녔던 학교 때문에 '모태신앙'을 가진 셈이다. 어린시절 예수님에 대해 품었던 애처로운 사랑에서부터 어른이 되어 개인적 신앙을 갖게 되고 나의 모든 것이 연루된 막중한 책임을 떠맡게 되기까지 나는 어떤 단계들을 거쳤던가?

간략하게 이 단계들을 살펴보려고 한다. 어린시절 우리는 물려받은 신앙이 보장해주는 안전을 누린다. 이때는 증거를 찾으려 애쓰지 않는다. 어린시절 나는 '예수님 마음에 들려고' 무진 애를 썼었다. 특히 크리스마스를 좋아했는데, 구유 때문이었다. 우리 형제는 모두 여덟이었는데, 아기예수 옆에 제각기 다른 색깔의 리본을 단 양을 한 마리씩 놓아두곤 했다. 가족 모두가 구유 앞에 모여 무릎을 꿇는 저녁기도 시간이면 우리는 그날 얼마나 착했는지에 따라 각자의 새끼양을 아기예수와 좀더 가까이에 두거나 멀리 두게 되어 있었다. 한번은 무슨 장난을 친 일로 기도시간에 내 양이 아기예수와 멀리 떨어진, 거실 반대편 탁자 밑에 놓였던 적도 있었다.

열네 살 무렵 내게 내적 위기가 찾아올 때까지는 이런 식으로 흘러갔다. 중대한 영향을 미친 두 번의 중간단계가 있긴 했지만.

내 어린시절의 이 두 가지 일화는 너무도 자주 얘기했던 것이지만 여기서 그 얘기를 다시 하지 않을 수가 없다.

내가 일고여덟 살쯤 되었을 때의 일이다. 하루는 몰래 잼을 훔쳐먹었다. 잼이 없어진 사실이 발각되었을 때 형 중의 한 명이 의심을 받았는데도 나는 자수해서 형의 결백을 밝히지 않았다. 결국 범인이 나라는 게 밝혀져 나는 벌을 받았다. "벌로서 너는 가족 파티에 참석하지 못한다." 아주 부자여서 기막힌 장난감들이 넘쳐나는 사촌 집에서 모이는 파티였다. 저녁이 되어 가족들이 돌아왔을 때 형이 내게로 달려오더니 신이 나서 말했다. "진짜 신났어. 기막힌 장난감도 있고……." 그 말에 빈정대며 응수하던 내 목소리가 마치 오늘 아침에 일어난 일인 양 지금도 귀에 쟁쟁하다. "좋으면 뭐 해. 내가 안 갔는데?" 그렇게 말한 뒤 나는 등을 돌리고 나와버렸다. 잠시 후 아버지께서 오셔서 내 손을 잡고는 야단을 치지도 벌을 주지도 않고 나를 방으로 데려가시더니 근심어린 슬픈 표정으로 그저 이렇게 말씀하셨다. "네가 좀전에 형에게 한 말을 들었다. 그런 끔찍한 말이 어딨느냐. 너는 너밖에 모르느냐? 너는 다른 사람이 행복한 걸 보고 기뻐해줄 줄 모른단 말이냐?"

그 말을 듣자 나는 마치 순식간에 한 세계가 무너지고 다른 세계가 그 자리를 대체하는 듯한 느낌이 들었다. 마치 내가 어두운 방에 있는데 갑자기 거센 바람이 불어와 덧문과 창문을 열어젖히는 바람에 새로운 지평선을 보게 된 것만 같았다. 아버지의 슬픔과 근심에서 나는 사랑과 선의와 분배라는 새로운 차원의 현실을 보았다. 네가 행복하면 나도 행복하고 네가 고통받으면 나도 고통받는다, 라는 진리를 발견한 것이다.

이 일은 내 마음속 깊이 각인되었다. 그로부터 몇 년 뒤 어느 일요일 아침, 아버지께서 당신이 가시는 곳에 형과 나도 데리고 가시려 한다는 사실을 알게 되었을 때도 역시 그러했다. 그러고 보니 아버지께서는 일요일 아침마다 어디론가 가곤 하셨는데 어디로 가시는지 우리는 알지 못했다.

우리는 아버지와 함께 리옹의 어느 불결한 변두리에 이르렀고, 이가 들끓는 거지와 부랑자들이 40명 가량 모여 있는 방으로 들어섰다. 거기엔 아버지처럼 부유한 신사 대여섯 명이 있었다. 아버지 친구분들은 은퇴한 장군이거나 사업가들이었다. 그들이 일요일 아침마다 무얼 하는지는 가까운 사람들조차 알지 못했다. 그들은 모임을 결성하여 그 걸인들의 머리를 깎아주고, 간호도 해주고, 수염도 다듬어주는 일을 했다. 더러운 빨래도 가져다 세탁해서 그 다음 일요일에 가져오고, 여분의 내의도 갖다주곤 했다. 그뿐 아니라 자신들만의 힘으론 곤경에서 빠져나오지 못하는 그들을 돕기도 했다. 그러나 대부분 벗어나질 못했다. 그들은 잠잘 곳도 있고 익숙해지기도 한 그 작은 안식처를 잃어버릴 위험을 감수하고 싶어하지 않았던 것이다. 그들 중 한 사람의 머리카락을 잘라주다가 욕설을 들으신(아마도 기계에 머리카락이 끼였

던지) 아버지께서 돌아오는 길에 하신 말씀을 나는 지금도 기억한다. "얘들아, 불행한 사람들을 보살필 자격을 갖추기가 얼마나 어려운지 보았지?" 이 일도 내 마음에 인상깊게 남았다.

이 두 일화가 가난한 자들을 위해 봉사하는 데 바쳐지게 될 나의 운명에 크게 영향을 미쳤음은 분명하다.

몇 년이 흘렀다. 청소년기에 접어든 내게 단순한 생각 하나가 번개처럼 일었다. '내가 이런 삶을 살려고 하는 건 이런 집안에 태어났기 때문이야. 만약 내가 종교가 없거나 무신론자이거나, 이슬람교도이거나 유대교, 또는 힌두교 집안에 태어났더라면 다른 선택을 했을 거야. 그러니 내가 믿고 있는 것에 대해 개인적인 탐구를 하지 않고서는 무슨 확신이 내게 남겠어?'

이 순간부터 나는 손에 잡히는 대로 책을 읽었다. 책을 통해 탐구했고, 여러 사람들과 얘기도 나누었다. 하지만 나를 떠나지 않는 번민에 대해서는 남들이 알아차리지 못하도록 했다. 한동안은 독일 철학자들과 시인들의 범신론적 경향들에 심취하기도 했다.

어느 순간 예고 없이 내 개인적 믿음의 첫 신호가 왔다. 나는 사막에서 모세가 불이 붙었는데도 타지 않는 나무를 보게 되는 이야기를 읽었다(어느 책이었는지 기억이 나지 않지만 성경은 아니었다).

단순한 기쁨

모세가 다가가자 "네가 서 있는 곳은 거룩한 땅이니 네 발에서 신을 벗어라"는 소리가 들린다. 신비한 목소리는 계속해서 말한다. "내가 이제 너를 파라오에게 보낼 터이니 너는 가서 내 백성 이스라엘 자손들을 이집트에서 건져내어라." 그러자 이집트에서 도망쳐 나온 뒤로는 한낱 목동에 지나지 않던 모세가 대답한다. "저를 보낸 이가 누구냐고 물으면 어떻게 대답해야 하겠습니까?" 그러자 목소리가 대답한다. "가서 너는 '있는 자 그'께서 나를 보내셨다고 하여라." 이것이 맨 처음 내 존재를 뿌리깊이 뒤흔든 말이다(출애굽기 3장).

혼란에 빠져 있던 나에게는 이 '나는 있는 자 그로다'라는 말이 마치 바위와도 같이 느껴졌다. 이 순간부터 하느님에 대한 개념이 내게는 정확하고 명료하고 확고한 것으로 다가왔다. 모호하던 모든 생각들이 깨끗이 쓸려나가고, 내가 살도록 내던져진 이 삶이 하나의 만남을 향해 가는 길이라는 확신이 생겨났다.

나의 탐구는 계속되었다. 당시는 병으로 인해 여러 차례 학업을 중단해야 했던 시기였다.

당시 인문학 학년이라 부르던 고등학교 1학년에 들어가기 직전에 나는 빈혈로 쓰러졌다. 나는 요양차 바닷가에서 6개월을 보낸 뒤 다시 산에서 3개월을 보냈다.

병 때문에 학업이 1년 늦어지긴 했으나 이 시기에 나는 많은 걸 배웠다. 보이스카웃 모임에서 나는 '명상하는 해리(Castor méditaitf)'라는 별명을 얻었다. 저녁에 모닥불 주위로 모여앉아 이런저런 동물 이름을 놓고 좋다거나 싫다는 소리를 질러대던 열네 살짜리 남자아이들이 이 이름을 내게 골라준 것은 참으로 신기한 일이다. 앞으로 나는 집을 짓기 위해 평생을 바쳐 싸우게 될 터인데, 해리는 집을 짓는 동물이고 명상은 나의 특징 가운데 하나이니 말이다. 이처럼 내게서는 명상이, 그리고 나중에 가서는 경배가 그 무엇보다 구체적이고 육체적인 행동과 어우러졌다.

그후로 잊을 수 없는 또 하나의 사건이 일어나는데, 그것이 나의 삶을 완전히 바꾸어놓게 된다. 나는 로마로 수학여행을 다녀오는 길에 아시시에 머문 적이 있었다. 거기서 우리는 도심에서 10여 킬로미터 떨어진 곳에 위치한 산 위로 올라갔다. 카르세리 수도원이라고 불리는 곳을 향해서였다. 성 프란체스코와 그의 동료들은 그 동굴에 며칠 혹은 몇 주씩 묵으며 조용히 경배드리곤 했다. 성 프란체스코가 죽고 난 후에 그곳에는 마치 산에 매달린 형상을 한 멋진 수도원이 세워졌다.

한 수도사로부터 성 프란체스코의 생애에 대해 듣고 난 뒤 나는 무리를 떠나 홀로 산허리로 난 긴 오솔길을 걸었다. 그때 나는 인류와, 그리고 온 자연과의 가장 절대적이고 완전한 우주적 결합이 경배 안에 있다는 사실을 직감했다.

그와 동시에 성 프란체스코의 삶을 통해 나는 경배가 행동의 가장 특별한 원천이 될 수 있다는 걸 발견했다. 두 성(城)이 농민들을 동원해 별것도 아닌 일로 서로 죽여가며 싸우게 한 봉건시대의 참사들과 같은 실재적인 행동의 원천이 될 수 있다는 걸 깨달았던 것이다. 이런 맥락에서 성 프란체스코가 만든 제3단(Le tiers ordre, 프란체스코 도미니코회에 속하는 재속 수도사 단체—옮긴이 주)은 양심적 거부의 최초 형태였다. 그는 제3단에서 서약을 한 속인들은 그들을 싸움터로 내보내려는 영주들의 명령을 거부할 권리가 있는 성직자들과 동일시한다는 법을 얻어냈던 것이다. 그것은 민중들 가운데 제3단이 그처럼 빨리 전파된 이유를 설명해준다. 그들에게는 영주들의 변덕에 따라 좌지우지되던 의무부역으로부터 벗어나는 유일한 방법이었던 것이다.

아시시 여행에서 돌아온 뒤 나는 운 좋게도 성 프란체스코에 관해 그 당시에 씌어진 것으로는 가장 훌륭한 책을 손에 넣게 되었다. 역사적 관점에서 볼 때 확고한 참고자료에 토대를 두고 쓴, 그 어느 것보다 정확한 책이었다. 아시시 체류 때 받은 인상 때문에 읽게 된 이 책이 내게 결정적인 역할을 했다. 얼마 지나지 않아 나는 프랑스에 있는 대표적인 성 프란체스코 수도회인 카푸친 수도회와 프란체스코 수도회를 방문했다. 프란체스코 수도회원들은 흩어져서 소공동체를 이루며 아파트에서 생활하고 있었다. 반면에 카푸친 수도회에서는 아주 엄격하고 엄숙한 전통적인 수도원 분위기를 볼 수 있었다. 그들은 옷을 입은 채 마룻바닥에서 잠을 자고 매일 밤 자정에서 새벽 2시까지는 깨어나 그 시간 대부분을 경배에 바치고 있었다.

이듬해 나는 두번째 대학입학자격시험을 보고 난 뒤 부모님께 카푸친 수련원에 들어가겠다고 말씀드렸다. 부모님들에게는 이것이 하나의 시련이었지만 그들의 신앙은 깊었다. 그들은 사제 아들을 두게 된다는 사실을 자랑스럽게 여겼다. 다만 당신들의 아들이 도미니크회나 예수회로, 다시 말해 능력에 따라 교육을 받고 전문가나 학자가 되는 수도회에 들어간다 했더라면 좋았을 텐데 하는 마음이었다. 카푸친 수도회는 학문보다는 경배에 더 많은 시간을 할애하는 민중적 수도회였던 것이다.

이렇게 해서 열아홉이라는 나이에 나는 수련원에 들어갔다.

당시 나는 중학교 동창 한 명과 깊은 우정을 나누고 있었는데, 그는 바로 레지스탕스의 영웅이 될 토 모렐(Tho Morel)이다. 나중에 그는 톰이라는 가명으로 알려지게 된다. 얼마 전에 라비에 신부가 감탄할 만한 그의 전기를 펴냈다. 『톰 모렐』이라는 책이다.

이 친구는 내가 프란체스코 수도사가 되었다는 사실을 알고서 착복의식에 참석하러 왔다. 그런데 늦게 도착하는 바람에 그가 성당 안에 들어섰을 때는 이미 아무도 없었으며 촛불을 끄고 있는 중이었다. 화가 난 그는 수련 지도 신부님을 만나고 싶다고 청했다. 그가 신부님을 만나 우리의 우정에 대해 말하자 신부님은 우리가 만날 수 있도록 허락하셨다. 나는 토 모렐이 기다리고 있는 면회실로 들어섰다. 거기서 나는 기막힌 장면을 목도하게 되었다. 훗날 영웅적인 글리에르 항독지하단체를 조직하여 프랑스 명예를 위해 생을 바치다가 비열한 매복병 때문에 죽게 될 그가 화를 버럭 내며 이렇게 말하는 것이었다. "앙리(내 이름이다), 꼴이 이게 뭐야! 출옥한 사람처럼 머리를 밀어버리고, 건강하지도 못한데 맨발이라니, 그러다 병나겠다. 도대체 이 부대자루로 변장한 건 또 뭐야! 가서 옷 갈아입고 나랑 함께 떠나자!"

나는 그의 화가 가라앉길 기다렸다. 우리는 한 시간 가량 함께 있었다. 나는 그에게 이렇게 된 동기를 차근차근 설명했다. 내게 어떤 심적 변화가 있었는지를 얘기했다. 그는 이해하지는 못했지만 그 사실을 받아들였고, 자신의 이해능력을 넘어서는 불가사의에 대한 기억을 품은 채 화가 누그러져서 떠났다.

나는 철학과 신학 수련기간을 마쳤다(통틀어 6년 반이다). 맨발로 지내며 마룻바닥에서 잠을 자고, 매일 밤 자정에 깨어나 한 시간 가량 시편을 암송하고 다시 한 시간 동안 어둠 속에서 기도드리는 생활은 한결같았다.

오늘날 나는 확신할 수 있다. 앞으로의 내 삶이 보여줄 긍정적인 측면은 모두가 수도원에서 보낸 이 시간의 결실임을. 만일 내가 하느님의 뜻에 따라 이 시간을 경배에 바치지 않았더라면 그 이후에 내가 한 모든 일들은 절대로 가능하지 못했으리라.

사제 서품을 받고 나서 몇 달 동안 나는 수도원에서 벗어나 리옹 가톨릭 신학교에서 강의를 들을 수 있었다. 그때의 교수님 가운데 한 분이 뤼박(Lubac) 신부님이다. 그분은 나의 첫 미사를 보좌해주셨고, 추기경으로 추대받으신 지 얼마 지나지 않아 갑작스럽게 돌아가신 뒤에도 내 마음의 스승으로 남아 있다.

사제 서품 이듬해에 나는 다시 병에 걸렸다. 의사들이 산에서 요양할 것을 강력히 권고했다. 그러자 뤼박 신부님과 다른 분들이 내게 '프란체스코 수도회에서 나올 수 있도록 로마에 간청하고, 산악지대 교구 주교께 그곳 사제로 받아달라고 요청해보라'고 말했다. 나는 로마의 허락을 얻어냈고, 그르노블 주교가 나를 받아들이기로 했다. 이때부터 나는 그르노블 주교를 나의 상급자로 모시게 되었다. 물론 나는 마치 철새처럼 소속 교구를 오랫동안 비우곤 했다.

전쟁이 발발하여 패주하게 되었을 때 나는 늑막염으로 입원해 있었다. 따라서 용맹했던 1939~1940년의 패주에 동참하지 못했다.

몸이 다 나았을 때 주교께서 나를 그르노블 보좌신부로 불렀다. 그 뒤로 레지스탕스에 가담하면서 내 삶과 신앙에 새로운 한 장이 열리게 된다. 솔직히 말하건대 그 선택에는 정치적 동기라곤 없었다. 앞부분에서 이미 언급했다시피 인종적 박해 때문이었다. 해방이 되고 나서 나는 국회의원으로 선출되었고, 앞서 얘기한 대로 그 무렵 엠마우스 운동이 탄생했다.

이렇게 나의 신앙은 여러 단계를 거쳐 어린시절의 천진한 믿음에서 내 인생에서 가장 중대한 선택들을 하게 만든 개인적 믿음으로 바뀌게 되었다.

이 긴 여정을 뒤돌아볼 때 내 삶이 믿음의 삶이었노라고 나는 말할 수 있다. 이제 내가 말하고 싶은 것은 이 믿음이 사랑과 분리될 수 없다는 사실이다.

가난과 행복

이 책의 2부에 '알 수 없는 존재에 대한 확신'이라는 제목이 붙은 것을 보고 사람들은 뜻밖으로 생각할지도 모른다. 하지만 현실에서 경험하는 믿음을 가까이 다가가 살펴보면 그것은 선명한 빛으로 밝혀진다.

일례로 소화(小花) 테레사(Thérèse 1873~1897, 병약하여 젊은 나이에 세상을 떠났으며, 아름다운 시를 많이 남긴 프랑스 리지외의 성녀―옮긴이 주)를 보자. 고통받으며 죽어가는 그녀는 의무실에서 간호를 받고 있었다. 잠을 이루지 못할 때 그녀는 종이에다 성가들을 끄적이길 좋아했다. 어느 날 간호사 수녀가 그 종이쪽지들을 읽고 그녀에게 말한다. "오 수녀님, 이같은 믿음을 가지시고, 이처럼 아름다운 걸 쓰게 해주시는 하느님의 사랑을 가지셨으니 수녀님은 참으로 운이 좋으십니다!" 그러자 테레사는 "수녀님, 저는 그저 제가 믿고 싶은 걸 노래할 뿐인걸요" 하고 대답한다.

믿음은 확실하지 않은 현실에 대해 품는 확신이다. 그걸 이해하기 위해 사랑과의 유사점을 다시 들어보자. 함께 사는 사람들은 권태와 짜증과 어려움의 순간들이 있음에도 사랑한다는 또는 사랑받는다는 확신을 가질 수 있다. 증명해보일 수 없는 이 확신은 내면에서 느껴지는 것이다. 성녀 테레사의 경우가 바로 그렇다. 그녀는 자신이 지은 성가들에서 자신의 믿음에 대한 확신과 하느님에 대한 사랑을 노래하지만, 하느님은 알 수 없는 신비한 존재로 남아 있다.

어느 날, 내 많은 조카들 가운데 한 명이 내게 물어왔다. "그런데 삼촌, 어떻게 하느님이 우리들 모두를 돌보신다고 생각할 수 있지요? 현재 지구상의 인구가 60억인데 어떻게 그게 가능하죠?" 내가 대답했다. "하느님은 그저 계시단다. 우리를 에워싸고 계시지. 그분이 우리와 함께 있을 때만 우리가 존재하는 거란다. 왜냐하면 우리가 있기를, 존재하기를 바라는 것이 그분의 의지이기 때문이야. 그분의 의지가 사라지면 우리도 사라지는 거란다. 대기는 끊임없이 다시 생성되며 살아 있는 모든 생명체를 감싸지. 내가 보기엔 그러한 대기가 하느님의 신비와 비슷한 것 같구나. 그분은 어디든지 계시고 모든 것에 계신단다. 모든 것이 그분에게서 비롯되고 그분 안에 있지. 그러면서도 그분은 알 수 없는 존재로 남아 있지."

또 다른 예를 들어보자. 프랑수아 미테랑이 하느님의 부름에 따라 막중한 정치적 책임을 맡았을 때 사람들은 그에 대해 많은 의문을 가졌었다. 그는 신자인가 아닌가? 그는 드골처럼 보란 듯이 미사에 참석하지는 않았다. 하지만 그가 기독교 교육을 받았으며 가톨릭 학교를 다녔다는 사실은 모두가 알고 있었다. 그가 점차 나이를 먹어가면서 한 말들에서 사람들은 그가 내세를 생각하고 있다는 사실을 알 수 있었다.

그는 여러 차례 나와 함께 죽음의 문제를 놓고 토론한 적이 있다. 이 문제는 그의 모든 친구들이 잘 알듯이 그의 삶에 있어 커다란 의문이었다. 그리고 그것은 두려움과는 무관한 것이었다. 과학적·철학적 교양이 깊은 한 인간의 호기심, 모든 것에 대해 품는 한결같은 호기심이었다. 그는 명료한 의식을 가진 상태에서 죽기를 바랐다. 죽음이 임박했을 무렵에 그가 진정제를 거부했다는 말을 들었다. 억지로 삶을 연장하고 싶지 않았던 것이다. "가서 성 베드로에게 뭐라 할 텐가?"라고 묻는 한 친구에게 그는 이렇게 대답했다. "베드로께서는 '이젠 알겠지'라고 말씀하실 거야." 내가 지금 알지 못하는 것을 알게 되리라는 말, 이야말로 신자의 말이 아니겠는가? 그런데 '난 알게 되리라'는 곧 '나는 될 것이다' '나는 존재할 것이다'라는 의미이기도 하며, 궁극적 현실에 대한 이해가 나를 찾아올 것이라는 의미이다. 달리 말하자면, 내가 시간의 어둠 속에 있는 한 확신을 가질 수는 있으나, 그 확신은 알 수 없는 존재에 대한 것이다.

세 시간 가량이나 지속되었던 우리의 마지막 만남에서 그는 내게 물었다. "힘든 일도 기쁜 일도 많았고, 예기치 못한 사건들로 그득했던 삶을 살아오시면서 신부님께서는 한번도 의심을 가져본 적이 없었습니까?" 나는 대답했다. "있었지요. 열여섯인가 열일곱 살에 나는 내가 배웠던 모든 것에 대해 절대적인 의심을 품게 되었습니다. 그러다 믿음이 의심을 몰아냈지요. 하지만 의심이 한번 찾아오고 난 뒤로는 온갖 의문들이 꼬리를 물고 이어지더군요."

공동체 식구들이 믿음에 대해 의문을 가지고서 내게 이렇게 묻는 적이 많았다. "하느님이 뭡니까?" 대개 나는 이렇게 대답한다. "춥고, 제대로 먹지도 못하고 공동체에 아무것도 가져오지 못한 채 지쳐서 집으로 돌아온 날을 생각해보시오. 노인들을 위

알 수 없는 존재에 대한 확신

한 집을 마련하느라 하루종일 다락방을 수리하고 돌아오면서 당신은 '신부님, 오늘 하루가 얼마나 기쁜지 모르겠습니다'라고 하지 않았습니까. 그럼에도 지금 하느님이 누구냐고 묻는단 말이지요. 그때 당신이 느꼈던 기쁨을, 다른 기쁨과는 너무도 다른 그 기쁨을 잊지 마시오. 신학자들이 지혜의 선물이라 부르는 가장 멋진 선물을 받은 것이니 말이오. 지혜란 우리가 현명해져서 어리석은 짓을 하지 않는다는 뜻이 아니오. 지혜란 라틴어로 'sapere' 즉 '음미하다' 또는 '맛보다'라는 뜻입니다. 당신은 그 기쁨의 순간에 사랑한다는 게 얼마나 좋은 일인지를 맛본 것입니다. 당신 마음속에서 노래하는 하느님을 만난 것입니다. 우리가 세상의 온갖 신학 서적들을 뒤진다 하더라도 하느님에 대한 개념은 가질 수 있겠으나 하느님을 알지는 못할 겁니다. 그런데 형언할 수 없고 말로 다할 수 없는 그 기쁨의 감정 안에서 당신은 하느님을 맛본 것입니다."

그리스도교에서 말하는 믿음은 사랑과 결코 떼어놓을 수 없는 것이다. 왜냐하면 하느님이 곧 사랑이기 때문이다.

나는 하느님이 있다고 믿는 것이 아니라 하느님을 믿는다. 하느님을 부인하는 것처럼 보이는 그 모든 것을 무시하고 사랑이신 하느님을 믿는다. 그분은 존재 자체가 사랑이며, 그것이 그분의 본질을 이룬다. 그렇기 때문에 나는 신자라고 불리는 사람들과 우리가 또는 그들 스스로 비신자라고 부르는 사람들 간에 근본적인 구분이 없다고 확신한다. '자신을 숭배하는 자'와 '타인과 공감하는 자' 사이의 구분이 있을 뿐이다. 타인의 고통 앞에서 고개를 돌리는 사람들과 타인들을 고통으로부터 구하기 위해 싸우는 사람들 사이의 구분이 있을 뿐이며, 사랑하는 사람과 사랑하길 거부하는 사람들 간의 구분이 있을 뿐이다.

나는 콜뤼슈(Coluche, 연기를 통해 사회의 불평등을 고발하고, '마음의 식당'을 열어 어려운 사람들을 돕는 일을 한 프랑스 코미디언—옮긴이 주)를 결코 잊지 못할 것이다. 기아퇴치를 위해 싸우던 그를 죽기 몇 달 전에 만났다. 그의 어머니의 요청에 따라 내가 그의 장례식을 집전했다. 젊은이들이 그의 죽음에 눈물을 흘린 것은 그가 고결한 우리 사회의 위선의 가면을 벗긴 데 대한 감사의 뜻에서였다. 그는 고발하고 행동하는 증인이었다. 진정한 의미의 '타인과 공감하는 자'였던 것이다.

비신자로 보이는 수많은 사람들은 신자 공동체가 그들 눈앞에 제시하는 하느님의 형상 중에서 알아볼 수 없는 형상만을 본 것이 아닐까? 이 땅에서 무수히 행해지는 신성모독은 사랑의 하느님인 참된 하느님을 향한 것이 아니다. 그것은 이기주의와 위선과 정치적 이해관계가 만들어낸 거짓 신들을 향한 것이다.

유일한 신성모독은 사랑에 대한 모독뿐이다.

여기서 예수의 말씀 가운데 가장 힘있는 말씀인 여덟 가지 행복을 떠올려 보는 게 좋겠다. 그것은 아무리 읽고 또 읽어도 지나치지 않을 말씀이다.

예수께서 무리를 보시고 산에 올라가 앉으시자 제자들이 곁으로 다가왔다. 예수께서는 비로소 입을 열어 이렇게 가르치셨다.

마음이 가난한 사람은 행복하다.
하늘나라가 그들의 것이다.

슬퍼하는 사람은 행복하다.
그들은 위로를 받을 것이다.

온유한 사람은 행복하다.
그들은 땅을 차지할 것이다.

옳은 일에 주리고 목마른 사람은 행복하다.
그들은 만족할 것이다.

자비를 베푸는 사람은 행복하다.
그들은 자비를 입을 것이다.

마음이 깨끗한 사람은 행복하다.
그들은 하느님을 뵙게 될 것이다.

평화를 위하여 일하는 사람은 행복하다.
그들은 하느님의 아들이 될 것이다.

옳은 일을 하다가 박해를 받는 사람은 행복하다.
하늘나라가 그들의 것이다.

나 때문에 모욕을 당하고 박해를 받으며 터무니없는 말로 갖은 비난을 다 받게 되면 너희는 행복하다.

기뻐하고 즐거워하여라. 너희가 받을 큰 상이 하늘에 마련되어

알 수 없는 존재에 대한 확신

있다.

옛 예언자들도 너희에 앞서 같은 박해를 받았다.

―마태오복음 5장

나는 예수의 이 말씀을 오래 전부터 명상해왔다. 그런데 지금으로부터 15년 전, 이탈리아의 베로나 원형경기장에서 젊은이들을 대상으로 강연을 해야 했던 적이 있었다. 그 젊은이들은 거대한 플래카드에다 여덟 가지 행복에 대한 구절을 적어놓았다. 내 차례를 기다리면서 나는 그걸 읽고 또 읽었다. 그러다 그때까지 전혀 주의를 기울이지 못했던 것을 발견하게 되었다. 모든 행복이 미래 시제로 되어 있는데 두 행복(첫번째 행복과 마지막 행복)만이 현재로 되어 있다는 사실이었다. '마음이 가난한 사람은 행복하다. 하늘나라가 그들의 것이다'가 첫번째 행복이고, '옳은 일을 하다가 박해를 받는 사람은 행복하다. 하늘나라가 그들의 것이다'가 마지막 행복이다. 이것은 미래의 얘기가 아니다. 하늘나라는 이미 여기 와 있는 것이다.

마음이 가난하다는 것은 무슨 의미인가? 그것은 성 프란체스코처럼 자신이 가진 모든 재산을 나누어준다는 의미가 아니다. 내가 국가의 원수이건, 회사의 우두머리이건, 또는 노동조합 책임자이건, 교사이건, 매일 저녁 '나의 능력과 특권과 재능과 학식을 가지고 약자들과 가난한 자들을 위해 무얼 했는가?'라고 자문했는지를 묻는 것이다. 이렇게 자문하는 자가 마음이 가난한 자인 것이다.

그리고 마지막 행복은 반드시 순교자로 죽어야만 한다는 것을 의미하지 않는다. 세 사람이 있는데 그들 중 가장 힘센 자가 가장 힘없는 자를 착취하려 할 때 나머지 한 사람이 '네가 나를 죽이지 않고서는 이 힘없는 자를 아프게 하지 못할 것이다'라고 말하는 날 하늘나라는 이미 이 땅에 와 있음을 의미한다. 신앙을 모른다고 스스로 말하는 많은 이들이 사실은 힘없는 자를 보호하고자 하는 그들의 타고난 성품으로 인해 하느님의 아들들인 것이다.

그들이 사제나 교회나 사도신경을 원치 않을지라도, 힘없는 자들의 권리와 존엄성을 지키기 위해 자신들의 삶을 바치는 그들과 더불어 하늘나라는 세워지는 것이다. 그렇다, 복음이 전하는 바가 바로 그것이다. 또한 그것이 그리스도교적 윤리인 것이다. 하느님이 사랑이심을 믿지 못하게 만드는 것은 대개 신자라고 불리는 이들의 공동체와 교회의 잘못 때문이다. 우리는 이론의 정확성, 신앙의 정확성에는 그렇게도 세심한 주의를 기울이면서,

'내가 너희를 사랑한 것처럼 너희도 서로 사랑하라'는 메시지의 핵심대로는 살지 않는다.

사랑 가운데 있지 않은 믿음은 불꺼진 등대와 같다. 그것이 그리스도가 전하는 메시지의 핵심이다. 사도 바울은 그 내용을 다음의 시구로 경이로울 만치 멋지게 표현해내고 있다.

내가 인간의 여러 언어를 말하고
천사의 말까지 한다 하더라도
사랑이 없으면
나는 울리는 징과 요란한 꽹과리와 다를 것이 없습니다.

내가 하느님의 말씀을 받아 전할 수 있다 하더라도
온갖 신비를 환히 꿰뚫어 보고
모든 지식을 가졌다 하더라도
산을 옮길 만한 완전한 믿음을 가졌다 하더라도
사랑이 없으면
나는 아무것도 아닙니다.

내가 비록 모든 재산을 남에게 나누어준다 하더라도

또 내가 남을 위하여 불 속에 뛰어든다 하더라도

사랑이 없으면

모두 아무 소용이 없습니다.

사랑은 오래 참습니다.

사랑은 친절합니다.

사랑은 시기하지 않습니다.

사랑은 자랑하지 않습니다.

사랑은 교만하지 않습니다.

사랑은 무례하지 않습니다.

사랑은 사욕을 품지 않습니다.

사랑은 성을 내지 않습니다.

사랑은 앙심을 품지 않습니다.

사랑은 불의를 보고 기뻐하지 아니하고

진리를 보고 기뻐합니다.

사랑은 모든 것을 덮어주고

모든 것을 믿고

모든 것을 바라고

모든 것을 견디어냅니다.

사랑은 가실 줄을 모릅니다.

—고린토1서 13장

세 가지 확신

온갖 잔혹한 행위들이 우리 모두에게 상처를 입히지만 그럼에도 내 신앙생활의 핵심은 세 가지 확신에 토대를 두고 있다. 내 신앙의 첫번째 토대는 하느님이 사랑이시라는 확신이다. 두번째 토대는 사랑받고 있다는 확신이다. 그리고 세번째 토대는 하느님의 사랑에 우리도 사랑으로 응답할 수 있도록 해주는 것이 인간의 자유가 존재하는 이유라는 확신이다.

일화 하나가 생각난다. 몇 년 전에 친구들이 1954년 겨울에 관한 영화를 만들기로 결심했었다. 그 영화의 제작자는 그의 아버지가 돌아가시면서 무거운 짐을 떠맡게 된 젊은이였는데, 그가 날 찾아와서 말했다. "칸느 영화제가 시작되었습니다. 이 영화를 만들고는 싶은데 돈이 충분하지 않습니다. 그러니 공동제작자를 찾아야만 합니다. 신부님께서 영화제에 같이 가주신다면 저희로서는 큰 도움이 될 것 같습니다. 그곳엔 전 세계의 제작자들이 아이디어를 건져볼까 하고 몰려듭니다. 이브 무루지(Yves Mourousi)가 TV 뉴스용으로 잠깐이라도 신부님과 인터뷰를 한다면 모든 제작자들이 그 사실을 알게 될 겁니다. 그러면 선택하기 곤란할 정도가 될 겁니다."

나는 그곳에 도착했다. 〈8시 뉴스〉 카메라는 이미 배에 승선해 있었다. 배 위로 오르려는데 한 친구가 내게 귀띔했다. "운이 없으시네요. 세 명의 대배우가 방금 승선했는데 신부님과 함께 인터뷰를 하게 될 게 분명합니다. 그런데 그중 한 사람은 '신부라면 잡아먹으려고' 드는 사람입니다. 썩 유쾌하지 않을 것 같습니다." (두고 보면 알겠지!) 나는 승선했다. 무루지가 먼저 소개를 했다. 문제의 세 배우는 〈사탄의 태양 아래〉라는 영화에 대해서 얘기하려고 온 것이었다. 상드린 보네르(Sandrine Bonnaire)와 제라르 드파르디외(Gérard Depardieu), 그리고 '신부 잡아먹는' '입심 좋은' 모리스 피알라(Maurice Pialat)였다.

이브 무루지가 인터뷰를 시작했다. 세 사람이 대답을 마치자 무루지가 나를 향해 몸을 돌렸다. "그러니까 신부님께서는 영화에도 뛰어드시는 겁니까?" 나는 지금까지도 분명하게 느끼고 있는 바를 대답했다. "그렇습니다. 왜냐하면 사람이 늙으면 '떠나기 전에 네가 아는 걸 말하라'는 내면의 목소리를 듣게 되거든요. 그리고 내가 아는 건 삶이 자유에 바쳐진 시간이라는 사실입니다. 그 자유를 통해 우리는 영원한 사랑이신 하느님과의 만남을 위해 사랑하는 법을 배울 수가 있지요……." 잠시 침묵이 흘렀다. 그러더니 불쑥, 그 무시무시한 피알라가 소리쳤다. "왜 그 사실을 제가 어렸을 때는 아무도 가르쳐 주지 않았지요?" 놀라운 순간이었다.

우리는 올바른 신앙에 대한 가르침을 받는다. 그 신앙은 어쩌면 우리가 살아가는 데 도움이 될지도 모른다. 하지만 그 신앙을 지켜야 한다는 압박 때문에 우리는 금세 그걸 거부하게 된다. 그것은 우리가 우리에게 강요된 것이 의미하는 바를 모르기 때문이다. 방송이 있었던 다음날 그는 기자들에게 자신이 받은 가톨릭 교육에 대해 말했다. 사탄과 지옥에 대해 얘기하면서 '착해야 한다. 그렇지 않으면 하느님이 널 벌하실 것이다'라고 가르치던 교육에 대해서 말이다. 그리고 그는 하느님을 사랑과 자유에 연결지어 얘기하는 걸 들어본 적이 없었노라고 덧붙였다. 그렇기에 그는 '왜 그 사실을 한번도 가르쳐주지 않았느냐?'고 외쳤던 것이다. 그것이 그리스도교 신앙의 토대임이 분명한데도 말이다. 적어도 내가 복음을 읽으며 이해한 바로는 그렇다. '하느님은 사랑이시다'는 신약에서 되풀이되는 주제이다. 하느님은 우리가 알 수 없는 존재이기에, 그분이 사랑이시며 우리에게 사랑을 주신다는 말 외에 우리는 그분에 대해 아무것도 말할 수 없다. 이 점을 나는 언제나 이렇게 설명하고 싶다. '어쨌든 하느님은 사랑이시다!'라고. 그 모든 잔혹한 일들이며, 수많은 사람들이 받는 고통들, 전쟁과 전염병들이 있을지라도 말이다. 그렇다, 나는 그래도 하느님은 사랑이라고 믿는다.

나의 두번째 확신은 어쨌든 우리는 사랑받고 있다는 것이다. 복음서는 그 사실을 우리에게 끊임없이 상기시킨다. '하느님은 이 세상을 극진히 사랑하셔서 세상을 구원하시려고 아들을 보내셨다'(요한복음 3장). 예수께서는 세상을 사시는 동안 만나는 사람 모두를 사랑의 눈으로 바라보았다. 그분은 베드로와 요한과 나다나엘과 모든 사도들을 사랑했다. 죄지은 여인과, 막달라 마리아와 자캐오와 사마리아 여인을 사랑했으며, 베짜타 못가의 중풍병자와 나인의 과부와 로마 백인대장과 니고데모를 사랑했다. 그분은 유다마저 사랑했다.

그리스도께서는 인품과 생애를 통해 하느님께서 아무리 말썽 많은 자식일지라도 당신의 자식 한 사람 한 사람을 극진히 사랑하는 아버지와 같다는 사실을 우리에게 보여주었다. 죄인일지라도, 반항아일지라도, 악에 빠져 있을지라도 인간은 하느님의 사랑을 받고 있다. 하느님의 사랑은 결코 물러섬이 없으며 끊임없이 확산되기 때문이다. 인간만이 자유로이 이 사랑을 거부할 수 있으며, 항시 비추는 이 빛을 가리개로 차단할 수 있는 것이다.
　파스칼이 너무도 정확하게 말하지 않았던가. '하느님의 빛은, 그것을 원하는 자가 믿음을 가질 수 있을 만큼 충분히 강하며, 하느님의 어둠은 믿기를 거부하는 자가 구속받지 않을 만큼 충분하다.'

　사랑은 타인의 자유에 대한 절대적 존중을 전제로 한다. 사랑하도록 강요받는다면 그것은 사랑이 아니다. 거기에 내 믿음의 세번째 확신이 있다. 인간에게는 사랑하거나 사랑하지 않을 자유가 있다. 수십억 개의 은하계로 구성된 거대한 이 우주에서 우리가 알기로 인간만이 자유를 부여받은 유일한 피조물이다. 거대한 우주에 비춰볼 때 너무도 미미한 존재일지라도 인간은 무한한 가치를 지닌다. 그것은 인간이 자유를 가진 존재이며, 이 자유가 그로 하여금 사랑을 할 수 있게 만들어주기 때문이다. 바로 거기에 인간의 존엄성이 있다.

사람들이 내게 "왜 우리는 이 땅에 태어나는 걸까요?"라고 물으면 나는 그저 이렇게 대답한다. "사랑하는 법을 배우기 위해서이지요." 이 우주 전체가 의미를 가지는 것은 어딘가에 자유를 가진 존재들이 있기 때문이다. 아주 작은 행성에 사는 미미한 존재에 불과한 인간은 우주에 짓눌려버릴 수도 있다. 하지만 인간은 파스칼이 말한 것처럼 자신이 죽는다는 사실을 알기 때문에, 사랑하면서 죽을 수 있기 때문에 우주보다 위대하다. 사랑이 있기 위해서는 대양과 빙하와 별만으로는 족하지 않으며 자유로운 존재들이 있어야만 한다. 인간의 자유는 때때로 두려움을 줄 수는 있을지언정 소멸될 수는 없다. 다행히도 우리에겐 은총이라고 부르는 하느님의 도움이 있다.

나는 종종 배의 이미지를 이용해 이 문제를 설명한다. 우리의 자유는 돛을 펼치기 위해 밧줄을 잡아당기는 것과 같다. 그런데 그것만으로는 배를 나아가게 할 수 없다. 바람이 불어야만 하는 것이다. 그런가 하면 성령인 바람이 불더라도 돛이 펴져 있지 않다면 그때도 배는 나아가지 않을 것이다. 하느님은 우리를 나아가게 하기 위해 우리의 동의를 필요로 한다. 거기다가 기수를 정함으로써 자신의 인생에 방향을 부여하는 것은 인간의 책임이라고 나는 덧붙이고 싶다. 인간은 키를 잡고 돛을 편다. 그제서야 성령께서 그를 항구로 인도할 수 있는 것이다.

물론, 자유가 잔혹한 결과로 인도할 수도 있다. 나는 사랑할 수도, 사랑하지 않을 수도 있기 때문이다. 내가 목적도 없이 자유롭기만을 원하고, 변덕에 따라 내 자유를 사용한다면, 그 자유는 금세 파괴될 것이다. 자유가 이것이나 저것을 할 수 있다는 데 있는 것이 아니라 무언가를 위한 것이라는 사실을 우리는 가르칠 줄 몰랐다. 자유가 사랑하기 위한 것이라는 사실을 말이다.

동물들도 사랑을 한다. 하지만 자유 없이 사랑한다. 동물들은 그들을 결정짓는 본성에 의해 사랑을 한다. 그들도 새끼들을 보호하기 위해 위험을 무릅쓰거나 죽임을 당하기도 하지만 새끼들이 자라서 어른이 되면 그들과 싸울 것이고 본능에 따라서 행동할 뿐이다. 인간만이 자유를 가지고 있다. 그런데 이 자유는 교육되어야만 한다. 그렇지 않으면 자유는 개인의 자기중심주의에 봉사하는 것으로 전락할 우려가 있다. 그럴 경우 자유는 타인들에게 두려움을 안겨주게 될 것이며, 우리가 익히 알고 있는 폭력과 전쟁과 끝없는 증오의 악순환을 낳게 될 것이다.

그렇다, 자유는 무서운 결과를 가져올 수도 있다(바로 이 이유 때문에 많은 사람들이 인간보다 동물을 좋아하는 게 아닌가). 하지만 그것은 사랑이 존재하기 위해 치러야 할 값이다.

자유가 없다면 사랑도 없을 것이며, 인생은 흥미도 의미도 없는 것이 되고 말 것이다.

하루는 한 여자친구가 자신의 어린 딸과 나눈 얘기를 내게 들려주었다. 그녀가 딸에게 믿음에 대해 설명하던 중 어린 딸이 말했다. "그런데 엄마, 인간에게 자유를 주시다니 하느님이 큰 실수를 하신 거예요! 자유가 없었더라면 얼마나 좋았겠어요! 지구상의 모든 인간들이 별처럼 제자리를 돌며 절대로 싸우는 법이 없었을 테니까요." 그러자 그녀의 엄마가 대답했다. "네 말이 맞다. 그런데 네가 말하는 그 실수를 하느님이 하지 않으셨더라면 너는 너를 사랑하는 엄마를 갖지 못했을 것이고, 나는 나를 사랑하는 딸을 갖지 못했을 거야. 우리는 그저 옆에 붙어 있는 자동인형 같았을 거야." 그것이 어찌 좋겠는가?

사랑의 세 가지 얼굴

하느님은 어쨌든 사랑이시다. 그리고 우리는 어쨌든 사랑받는다. 인간에게는 사랑하거나 사랑하지 않을 자유가 있다. 이것이 내 믿음의 근본 토대들이다.

나는 그리스도인이 아닌 다른 많은 종교인들도 이 신념들에 공감할 수 있으리라고 생각한다. 하느님이 인간들에게 하신 비밀스런 말씀인 계시는 하느님의 신비를 보다 깊이 탐구하게끔 한다.

그리스도의 죽음 후 몇 세기 동안 신학자들은 하느님께서 우리에게 말씀하시는 가장 근원적인 신비에 우리가 좀더 가까이 다가갈 수 있도록 하려고 애를 썼다. 그 신비란 삼위일체의 신비와 강생(降生)의 신비, 그리고 구원의 신비이다.

신앙인으로서 나는 이 신비의 미광(微光) 속에서 내 삶을 헤쳐 왔다고 할 수 있다.

내 믿음을 되살아나게 한 이 '나는 있는 자 그로다'라는 말을 발견한 이후에도 나는 이 '나는 있는 자 그로다'에는 '사랑'이라는 말 이외의 그 무엇도 덧붙일 수 없다는 것을 알게 되었다. '나는 사랑이다'라는 말이 우리가 하느님에 대해 말할 수 있는 유일한 것이다.

그리고 나서 나는 점차적으로 신비를 발견해나갔다. 흔히 이성과 정반대되는 것으로 여겨지며 수긍하기 힘든 것이 삼위일체의 신비이다. 그 신비에서 내 정신은 가장 많은 빛과 힘을 얻는다.

만약 하느님이 사랑이라면 그것은 모든 사랑이 그렇듯 절로 확산되는 것이다. 사랑이란 무엇인가? 사랑이란 자신 밖에서 '더 커지게' 하는 것이다. 그것은 우리를 지운다는 의미가 아니다. 사랑은 나의 부정이 아니다. 사랑은 자기자신에게서 벗어남으로써 '커지게' 만드는 것이다.

사랑은 말하는 것이고 주는 것이다. 하느님께서 스스로를 내어주시는 이 선물을 우리는 유추를 통해 말씀이니 아들이니 하고 명명한다. 끊임없이 스스로를 내어주시는 하느님께서는 말씀이고 아들이신 자신의 이미지 앞에서 경배하고 환희—근사치의 인간의 말로 표현하자면—하지 않을 수가 없다. 그리고 성부의 완벽한 이미지인 말씀은 성부 앞에서 또한 경배하고 환희하지 않을 수가 없다. 이렇듯 자연스레 성령의 바람이 있게 되는 것이다. 성령을 '숨결' 혹은 '바람'으로 표현하는 것은 얼마나 적절한 말인가! 신비주의자들은 거리낌없이 이렇게 말한다. "성령이란 서로 사랑하는 성부와 말씀이 나누는 입맞춤의 숨결이다."

신학자들은 하느님의 생명 자체인, 이 사랑과 기쁨의 불길을 표현할 적절한 말을 찾지 못해 고심했다. 그들은 우리에게 삼위일체라는, 약간 차가운 느낌을 주는 말밖에 제시하지 못했다. 그것은 인간의 사고로는 납득할 수 없는 것을 명명하는 것이며, 하느님의 일체성에서 사랑의 경이를 통해 세 위격을 구분해내는 것이기 때문이다. 즉, 샘과 같은 성부께서는 성자에게 스스로를 내어주시며, 이 사랑의 교류에서 하느님의 입맞춤인 성령이 생겨나는 것이다.

이 신비는 마치 고요함 가운데 솟구치는 소용돌이처럼, 하느님 사랑의 내밀한 면모의 베일을 우리에게 살짝 벗겨 보여주는 것 같다.

이 삼위일체의 신비는 많은 그리스도인들에게 너무도 어렵게 느껴지는데, 그것이 이상하게도 내게는 일생 동안 내 신앙의 가장 확고하고 한결같은 버팀목 가운데 하나였다.

그리스도교의 계시는 우리에게 두번째 큰 신비에 대해 이야기한다. 강생의 신비가 그것이다. 삼위일체의 두번째 위격인 하느님의 말씀은 인간의 모습을 한 예수로 육화했다. 성 요한은 무한하게 베푸시는 하느님의 사랑과 인간의 자유가 한 인간 안에서 하나가 됨을 그 누구보다도 잘 표현하고 있다.

> 한처음, 천지가 창조되기 전부터 말씀이 계셨다.
> 말씀은 하느님과 함께 계셨고 하느님과 똑같은 분이셨다.
> 말씀은 한처음 천지가 창조되기 전부터 하느님과 함께 계셨다.
> 모든 것은 말씀을 통하여 생겨났고 이 말씀 없이 생겨난 것은 하나도 없다.
> 생겨난 모든 것이 그에게서 생명을 얻었으며 그 생명은 사람들의 빛이었다.
> 그 빛이 어둠 속에서 비치고 있다. 그러나 어둠이 빛을 이겨본 적이 없다.

하느님께서 보내신 사람이 있었는데 그의 이름은 요한이었다.

그는 그 빛을 증언하러 왔을 따름이다.

말씀이 곧 참 빛이었다. 그 빛이 이 세상에 와서 모든 사람을 비추고 있었다.

말씀이 세상에 계셨고 세상이 이 말씀을 통하여 생겨났는데도 세상은 그분을 알아보지 못하였다.

그분이 자기 나라에 오셨지만 백성들은 그분을 맞아주지 않았다.

…(중략)…

말씀이 사람이 되셔서 우리와 함께 계셨는데 우리는 그분의 영광을 보았다. 그것은 외아들이 아버지에게서 받은 영광이었다. 그분에게는 은총과 진리가 충만하였다.

…(중략)…

일찍이 하느님을 본 사람은 없다. 그런데 아버지의 품 안에 계신 외아들로서 하느님과 똑같으신 그분이 하느님을 알려주셨다.

— 요한복음 1장 1~18

신자로서의 나의 삶은 매일같이 '말씀이 사람이 되셨다' 라는 이 놀라운 말씀으로 불밝혀져 왔다. 이따금 암흑의 순간들을 겪

알 수 없는 존재에 대한 확신

을 때조차도 그랬다.

이제 말씀의 강생을 통해 하느님의 사랑이 인간에게 베풀어져서 실제로 우리 안에 있게 되었다. 그 어떤 다른 행위가 하느님의 사랑을 인간들에게 이보다 더 잘 보여줄 수 있겠는가? 하느님께서는 인간이 삼위일체의 사랑의 열정과 기쁨 속에 들어갈 수 있도록 인간적 조건을 받아들이신 것이다.

'하느님께서는 인간이 하느님이 될 수 있도록 인간이 되셨다'라고 성 이레네(Irénée)는 쓴 바 있다. 그리스도교 신앙의 토대를 이루는 이 강생의 신비는 나의 기도에 물을 댔으며, 사랑이신 하느님에 대한 나의 명상에 자양분을 제공했다.

이렇게 말하고 보니, 부족한 나의 이해력으로는 삼위일체의 신비에서 느꼈던 것보다는 훨씬 덜한 만족감을 강생의 신비에서 느꼈다는 사실을 덧붙여야 하겠다.

나의 내면에서 예수님을 부르며 끊임없이 일어나는 한 가지 의문은, 말씀이 육신이 된 예수라는 단 하나의 위격 안에 어떻게 두 차원의 인식이 존재할 수 있었는가 하는 것이다. 말씀이신 그리스도는 단 한순간도 행복에 대한 비전과 명상과 성부에 대한 경배를 잃지 않으셨다. 그로부터 성령이 생겨났다. 그럼에도 그리스도는 그 인성(人性) 안에서는 완벽하게 인간이었다. 마치 인간과 같았던 것이 아니다! 어린아이로서 걸음마를 배워야 했으며, 세수하는 걸 배우고, 학교에 가서 읽는 법을 배우고, 유대교 회당에 가서 율법을 배워야만 했다. 그는 말씀의 완성이라는 '무한'을 살면서 동시에 인간적 이해를 점차 습득해 나갔다.

바로 그 그리스도가 나중에 생애 최후의 순간에 이르렀을 때 십자가에 매달린 회개한 도둑에게 이렇게 말한다. "오늘 네가 정녕 나와 함께 낙원에 들어갈 것이다." 그리고 같은 시간에 그는 이렇게 외친다. "아버지, 아버지, 어찌하여 나를 버리셨나이까?" 도무지 알 수 없으나 더할 나위 없이 극적이며 감동적인 신비가 바로 여기에 있다. 불가사의하게도 이것이 우리로 하여금 예수라는 인물에 이끌리게 하는 것이다.

그렇다, 그분은 모든 고문받는 사람들처럼 고통받았다. 그러면서도 '아버지께 영광'이라는 말을 그치지 않았다.

자유롭고 책임감 있는 최초의 인간이 나타난 이래로 수천 년 흐른 세월을 고려해볼 때, 그리고 지구라는 행성의 공간을 고려해볼 때, 강생의 신비는 나로 하여금 예수를 향해 한결같이 소리치게 한다. "그런데 주님, 어찌하여 이렇게 늦으셨나이까? 어찌하여 이다지도 보잘것없는 방식으로 오셨으며, 하느님의 말씀이

알 수 없는 존재에 대한 확신

위성 안테나를 통해 온 지구에 전해져 하느님의 계시가 모든 이에게 가 닿을 수 있을 오늘날에는 어찌 모습을 드러내지 않으십니까?"

말씀은 사람이 되고

복음은 인간을 구원하기 위해 말씀의 강생이 있었다고 밝히고 있다. "하느님이 세상을 사랑하시어 외아들을 보내신 것은 누구든 그를 믿는 자는 길을 잃지 않고 영원한 생명을 얻게 하기 위해서이다. 하느님께서 당신의 외아들을 세상에 보내신 것은 세상을 단죄하려는 것이 아니라 그를 통해 세상을 구원하려는 것이기 때문이다"(요한복음 4장).

나는 교회의 지도자들이 대속(代贖)과 관련해서 허용하는 얘기 앞에서 아주 오랫동안 불편함을 느껴왔다. 그것은 오늘날에도 곳곳에서 설교되는 내용이다.

나의 불만은 예수의 수수께끼 같은 말에서 비롯되는 것이다.

"사람의 아들은 대접받으려고 온 것이 아니라, 봉사하고 대중을 위해 자신의 삶을 바치고자 이 땅에 온 것이다."

'대중을 위하여'라는 말은 물론 그 무엇보다 나를 감동시킨다. 우리는 편협한 교육으로 인해 '교회 밖에서의 구원이란 있을 수 없다'라는 슬로건에 너무도 익숙해져 있었다. 게다가 이 말에는 전혀 설명도 없다. 인간이 존재하기 시작한 이래로 현재까지 9백에서 1천 억의 인간이 있어온 것으로 추정된다. 그런데 이 1천 억 가운데 역사적 계시를 알게 된 사람이 몇 퍼센트나 되겠는가? 그 수는 미미하다! 하느님이 이 소수의 사람들만 구원을 받도록 하셨으리라는 생각은 도무지 받아들일 수가 없다. 아니다, 예수께서는 교회의 보이는 경계와 역사적 계시의 범주를 뛰어넘어, 다시 말해 대중에게 구원을 가져다주기 위해 오셨다.

'그를 믿는 자는 누구든 영생을 얻으리라'는 이 말은 형평성을 강조한 것으로 이해해야 하는 게 아닐까? 그 형평성에 따라 인간은 누구나, 예수에 대해 전혀 알지 못할지라도, 자신의 양심의 목소리에 정직하게 귀를 기울인다면 누구나 구원의 교회의 보이지 않는 일원이라고 주장하는 이들도 있다. 라친거(Ratzinger) 추기경이 주저 없이 말하는 바가 바로 그러하다.

이제 자신의 생명을 몸값으로 주기 위해 오셨다고 하는 예수

단순한 기쁨

의 말을 이해하는 일만 남았다. 그것이 의미하는 바는 무엇인가? 몸값을 부르짖는 인질범이 누구란 말인가?

수세기 동안 이 주제에는 두 가지 사고의 흐름이 있어왔다. 먼저, 아주 천진한 해석이 있다. 인간이 죄를 지음으로써 사탄에게 굴복했기 때문에 인간이 사탄에 종속되었다는 것이다. 따라서 몸값은 악마에게 주어야 한다는 것이다. 악마가 인질을 놓아주도록 말이다. 아마도 많은 사람들이 어린시절에 '착해야지, 그렇잖으면 악마에게 가게 될 거다'라는 위협조의 말을 들었을 것이다. 그러나 절대선이시며 하느님의 말씀이신 그리스도께서 스스로를 사탄에게 내어주리라고 생각한다는 것은 도무지 조리에 맞지 않는, 존재론적으로 부조리한 것이 아닌가? 생각할 수도 없고 받아들일 수도 없는 일이다.

이처럼 순진하고 단순한 생각에 대한 반동으로 몸값이라는 단어에 대한 새로운 해석이 중세 전성기 때 생겨났다. 봉건시대에는 범죄가 발생했을 경우 어떻게 처리되었던가? 신분이 비천한 사람이, 예컨대 어떤 가난한 농부가 영주 얼굴에다 침을 뱉거나 그가 지나갈 때 돌을 던진다면 그자는 중대한 범죄를 저지른 것이 된다. 피해자의 지위가 높기 때문이다. 모욕의 심각성 여부는 모욕을 당한 자의 지위에 따라 측정된다. 만약 돌을 던진 자가 영주의 하인이라면 영주는 그자의 목을 매달 것이고 그것으로 일은 마무리될 것이다. 그런데 그자가 이웃 영주의 농노라면 전쟁을 피하기 위해서는 모욕을 당한 자의 위엄에 따라 그 모욕에 대한 적절한 사죄가 있어야만 한다. 따라서, 모욕받은 자에게 와서 사과를 전하는 외교사절의 지위에 따라 사죄의 정도도 측정되는 것이다.

그와 마찬가지로, 죄로 인해 모욕받은 분이 하느님이기 때문에 당시의 관습대로 대속자 또한 '무한한' 자라야 했다. 그렇기 때문에 하느님의 아들이신 말씀이 사람이 된 것이라고 성 안셀무스(하느님께 선도받는 일 없이 하느님과 함께 이야기 나눈 수도사)는 설명한다. 실제 사람인 동시에 모욕받은 하느님의 위엄과 동일한 무한한 위엄을 갖춘 자가 용서를 구할 수 있도록 말이다.

성 안셀무스 학파는 신학 전통에서 '만족의 신학'이라는 이름을 따왔는데, 그 이름은 나로서는 받아들이기 힘든 것이다. 여기서 만족이라는 단어는 '충분한가?'라는 의미이다. 예수께서는 가시관을 쓰고 채찍질을 받고, 십자가를 지고, 십자가에 못박히는 형을 받음으로써 대속자가 되셨다. 아버지께 마치 "이만하면 됐습니까?"라고 묻기라도 하듯 용서를 구하는 대속자 말이다. 끔찍하고 소름끼치는 일이다. 이것은 하느님의 왜곡된 모습을 보여줄 뿐, 복음서의 하느님과는 전혀 무관하다. 방탕한 아들을 둔 아버지는 아들이 재산을 탕진했을 때 "네가 한 짓을 보상하거라. 계산서를 가져와! 네가 창녀들과 함께 지내며 얼마를 낭비했는지 말하거라" 하고 요구하지 않는다. 아버지는 모든 걸 용서한다. 그만큼 아들을 되찾은 기쁨이 큰 것이다. 이 '만족' 이론은 빈틈없는 정의를 요구하는 복수하는 하느님, 전제군주 하느님이라는 개념을 사람들의 머릿속에 심어놓았다. 이 이론은 무한한 선의로 받아들이시는 하느님 안에서 해방시키는 대신 인간을 죄의식 속에 가두었다.

이 두 가지 해석을 좇다보면 이르게 되는 막다른 골목들과 잘못된 길들이 나를 점차 새로운 해석으로 인도해주었다. 그것은 뤼박 추기경이 동의하던 해석이다. 오랜 친구이자 대신학자인 그는 덤벙대거나 위험을 무릅쓰고 새로운 것에 덤벼드는 무모한 인물이 아니었다. 그는 죽기 며칠 전에 거듭해서 내게 말했다. "몸값에 대한 자네의 해석은 중요하네. 그걸 널리 알려야만 해. 명확하고도 단순한 방식으로 설명될 수 있는 해석이니 모든 사람들이 이해할 걸세."

모든 건 마약중독자 문제에 대해 고민하던 차에 시작되었다. 마약중독자는 자기자신의 사형집행인이자 희생자이기도 하다.

그는 강도이자 인질인 셈이다. 이 점이 나를 깊은 사색에 잠기게 했으며 이렇게 말하게 만들었다. 하느님께서 지구상에 존재하는 것 가운데 가장 완벽한 기계와도 같은 인간을 창조하셨다. 획기적인 전자뇌와 같은 모습으로. 그런데 어느 날, 고도로 완벽하며 자유를 지닌 이 기계가 더욱 자유롭게 가고 싶은 데로 쏘다니고 싶어서 전기 접속을 끊는다. 이렇게 해서 에너지가 차단된 전자뇌는 고물상에나 가야 할 고철더미에 불과하게 된다. 이것은 성경과 인간의 전 역사가 우리에게 보여주는 바이다. 인간은 보다 자유롭기 위해 전기 접속을 끊어버린다. 그런데 그 순간부터 인간들은 서로 싸우기 시작했다. 더 부자가 되고 더 힘있는 자가 되려고 서로 치열하게 싸우기 시작했던 것이다. 그 싸움은 카인과 아벨 때부터 계속되고 있다. 인간의 역사 속에서 한 건의 살인도 일어나지 않은 날이 단 하루라도 있었던가? 인간이 전기 접속을 끊어버린 이후로 살인과 도둑질 그리고 착취가 이 땅을 지배해오고 있는 것이다.

하느님은 사랑의 마음으로 놀라운 결심을 하신다. 하느님께서 자유를 부여함으로써 창조의 절정에 놓으신 경이로운 피조물을 도둑맞은 뒤 도둑을 찾아가 이렇게 말씀하신다. "너는 도둑질에서 큰 이득을 얻어내려고 했다. 온 인류인 네가, 스스로를 훔친

네가 내게는 소중하니 내가 네게서 너를 다시 사러 왔느니라. 네가 내게 돌려주는 것에 대해 무한한 값을 치러주겠다. 나는 나 스스로를 네게 내어주러 왔노라. 네게 나를 내어줌으로써 나는, 스스로의 사형집행인이 되어 너 자신을 인질로 삼고 있는 너 도둑에게 스스로 내어주는 몸값이다. 나는 네게 이렇게 말하러 왔노라. 눈을 뜨고, 너 스스로 네 주위에 쌓아놓은 궁핍을 보라. 네 스스로 생각해보고 돌아오너라. 네가 도둑질에서 이득을 보고자 했으니, 내가 네게 무엇보다 큰 이득을 주겠다. 나는 네게 나를 내어주러 왔노라."

따라서 대속이란 도둑맞은 자가 도둑이 벌을 받는 걸 바라지 않고, 오히려 강렬한 사랑으로 도둑이 훔친 것을 되돌려주도록 스스로를 내어주는 것이다. 사람의 아들은 자신의 생명을 내어줌으로써, 전원이 차단되어 실의에 빠진 인간에게 사랑하는 능력을 되찾게 해주는 것이다.

전원이 끊긴 불행한 이가 엠마우스에 찾아올 때면 대개 그자는 한계상황에 처해 있다. 성경의 이미지를 빌려 말하자면 그는 약속의 땅으로 향하는 이스라엘인들의 긴 행렬에서 쓰러지거나 행렬에서 뒤처져 길을 잃은 자와 같다. 갈피를 잡지 못하고 어찌할 바 모르던 그자는 서로 돕고 사는 사람들의 공동체에 합류하면서 다시 전원이 연결되어 가던 길을 계속 갈 수 있게 된다. 그는 누군가 자신을 필요로 한다는 사실을 발견함으로써 자기존엄과 자유의 감각을 되찾는다.

엠마우스의 첫번째 식구가 된, 조르주라는 이름의 전과자는 내가 그에게 이렇게 말했기 때문에 나를 따랐다. "다른 사람들을 돕는 데 당신이 필요합니다. 내게는 당신의 사랑하는 능력이 필요하고, 우리가 함께 뭔가를 할 수 있도록 당신이 다시 전원에 연결될 필요가 있어요." 남이 자신을 사랑하도록 받아들이고, 또 남을 사랑하기로 받아들이면서 그는 몸값을 받아들인 것이다. 상처입은 인간은 너무도 고통받기에 자기자신조차 사랑하지 못한다. 그가 몸값을 받아들이고 스스로를 하느님 아버지께 되돌려준다면, 그는 불행하지만 정직한 도둑이 되어 아버지의 양아들들 가운데 자기 자리를 되찾게 되는 것이다.

자유

앞에서 우리는 신학자들의 노고를, 다시 말해 신앙을 위해 봉사하는 지성들이 하느님의 신비와 그리스도교 계시를 설명하기 위해 어떻게 애쓰고 있는지를 보았다. 우리가 신앙의 확신을 가질 수도 있고, 예지로써 복음의 메시지를 알고자 애쓸 수도 있지만, 하느님께서는 말로 다할 수 없는 존재이며, 우리와는 다른 완전한 존재라는 사실만큼은 결코 잊어서는 안된다. 우리는 너무도 쉬이 하느님을 인간적 범주 속으로, 우리의 보는 방식과 생각하는 방식 속으로—시대와 문화에 따라 다양한 형태로—끌어들이기 때문에, 역사 속에서 줄곧 있어온 하느님에 대한 온갖 종류의 왜곡된 묘사들을 보고서 놀라서는 안될 것이다. 그 묘사들은 때때로 본래의 종교적 메시지를 뿌리 깊이 왜곡시켜놓기도 했다.

이 잘못된 묘사들은 때때로 우리의 정신에 깊숙이 침투하여 우리의 신앙을 변질시키거나, 신실한 사람들이 참신앙에 이르는 길을 막기도 했기 때문에, 여기서 그 묘사들의 가면을 벗기는 일은 의미있는 일이다. 게다가 나는 살아오면서 이러저러한 하느님의 왜곡된 모습들을 고발하는 일도 종종 했었다. 그런 모습들 가운데 가장 널리 퍼져 있으며 많은 사람들에게 장애물이 되고 있는 것이 인간을 짓누르는 전지전능한 하느님의 이미지가 아니겠는가?

물론 하느님은 당연히 전지전능하시다. 하지만 독단적으로 전지전능하신 분이 아니다. 그분은 손수 창조하신 자유의 포로가 되기를 일부러 선택하신(나는 이 문제를 『기쁨의 신비』라는 희곡 작품에서 좀더 깊이 다루었다) 정중한 절대자이시다. 사랑이신 하느님은 우주 속의 일부 존재들에게 자유를 부여함으로써 일부러 포로가 되시어 창조물이 사랑으로 당신께 다가올 수 있게 하셨다.

자유는 내가 아무렇게나 사용하거나 내 변덕에 따라 사용하면 할수록 자유로부터 점점 멀어지는 특성을 지녔다. 그와 반대로 내가 스스로 한계를 정하고, 보다 더 사랑하기 위해 자신이 갈망하는 어떤 일들을 단념하기를 받아들인다면 나의 자유는 더욱 커진다. 이것은 인간과 하느님의 관계에서뿐만 아니라 사람들간의 관계에서도 마찬가지이다. 인간이 하느님을 자신의 절대적 자유의 장애물로 여기고 하느님을 거부하기 위해 자신의 자유에 의지한다면, 이는 절대권력에 대한 욕망에 자신의 자유를 이용하는 것이 되어, 그 스스로 불러일으키는 두려움으로 인해 자유를 파괴하는 역설적인 결과를 낳게 된다. 이는 자신 스스로를 하느님의 자리에 두려는 논리를 끝까지 밀고 갔던 모든 전제군주들의 이야기이다. 그 역으로, (하느님과 이웃을) 보다 더 사랑하기 위해 스스로 자신의 자유를 다소 제한하는 인간은 전보다 더 자유롭게 된다.

    이렇듯 하느님의 전지전능함과 인간의 자유를 대립시키는(현대 무신론이 하는 일이다) 것은 무의미한 일이다. 하느님께 다시 나를 맡기고, 하느님이 인도하시는 대로 따라갈 것을 받아들이는 것은 인간의 자유를 소멸시키는 것과는 거리가 멀며, 오히려 인간으로 하여금 온전히 인간이 되게 해준다. 실제로 인간의 자유는 전지전능한 권력을 자기 것으로 만들려고 하거나 그에 맞서 대항할 때보다는, 일부러 포로가 되신 하느님의 전지전능함과 사랑으로써 하나가 될 때 더 한층 보호받게 된다. 인류의 역사를 돌아보는 것만으로도 그 사실을 깨닫기에는 충분하다. 평화가 깨어졌던 것은 매번 절대권력을 다른 사람들에게 행사하고 싶어하는 지배자나, 자신의 자유의 절대권을 누리고자 이웃을 존중하지 않은 개인들 때문이었다.

인간의 자유는 그것이 사랑을 위해 쓰여질 때만이 위대하다. 이 점에 있어서는 부부의 예가 놀랄 만큼 잘 들어맞는다. 만약 부부 가운데 한 사람이 자기 기분 내키는 대로만 하려 들고, 매순간 자신의 기분과 변덕만을 충족시키려고 든다면 그 결합은 깨어질 수밖에 없다. 그와 반대로, 각자가 보다 더 사랑하기 위해 자발적으로 자신의 자유를 제한할 태세가 되어 있다면 그들의 관계는 오래 지속될 것이며 두 사람 모두가 전보다 더 자유롭고 더 행복하게 될 것이다.

하느님과의 관계도 마찬가지이다. 사랑이신 하느님의 전능함에 자발적으로 다시금 자기자신을 내맡길 때 인간은 전적으로 자유로워질 것이다. 성경에서 찾아볼 수 있는 결혼에 대한 개념을 살펴보자. 하느님께서 자유로운 인간에게 결혼을 제의하고, 인간은 사랑의 마음으로 그가 알고 있는 하느님의 뜻에 따른다. 하느님께서 인간에게 강요하는 법 없이 말이다. 서로에게 내어주는 자유 사이에서 사랑의 관계가 이루어지지 않는다면 결혼이란 아무런 의미도 갖지 못할 것이다. 따라서 결혼이라는 개념은 인간의 자유를 박탈하는 전지전능한 하느님이라는 풍자적인 이미지의 대척점에 놓여 있는 것이다.

또 하나의 왜곡된 하느님의 모습은 매질하는 아버지로서의 모습이다. "착하지 않으면 지옥에 갈 것이다." 이는 '하느님에 대한 두려움이 지혜의 시작이다' 라는 성경의 말씀을 잘못 해석한 데서 비롯된 것이다. 그렇다, 맞는 얘기이다. 하지만 어떤 두려움을 말하는 것인가? 사랑하는 사람에 대한 두려움, 사랑하는 대상에게 화를 입히게 될까봐 두려워하는 마음인 것이다. 부부의 예를 다시 들어보자. 부부들은 일종의 두려움을 갖고 생활하지 않는가? "그에게 고통을 줄까봐 두려워. 그를 다치게 하는 일을 하게 될까봐 두려워"라고 말하듯이, 상대방에 대한 두려움이 아니라 자기자신에 대한 두려움 말이다. 이것은 부정적인 두려움은 아니지만 어쨌든 두려움은 두려움이다. 사랑은 지혜의 시작이다. 이때의 사랑은 사랑하는 사람에게 고통을 줄까봐, 화나게 할까봐, 상처를 줄까봐, 잃을까봐 두려워하는 사랑이다.

하느님에 대한 두려움의 잘못된 해석은 사람들의 의식에 큰 악영향을 미쳤다. 얼마나 많은 그리스도인들이 끔찍한 죄책감으로 인해 옴짝달싹 못하게 주눅들었던가? 그런데 죄책감은 참된 그리스도교적 회개와는 전혀 무관한 것이다. 그것은 심각한 잘못을 저질렀다는 감정과 전제군주 같은 아버지의 불호령을 언제라도 견뎌내야 한다는 두려움에서 비롯되는 불안감의 심리적 표출이다.

회개는 그와 반대로 우리를 하느님의 용서로 인도하는데, 하느님께서는 용서를 거절하시는 법이 없다. '하느님은 빛이다'라고 복음서는 전한다. 죄책감은 어둠이다. 그것은 사랑이신 하느님의 빛을 받아들이지 않는 우리 안에 있는 어두운 영역이다. 그것은 두려운 그 무엇이다. 손에 채찍을 든 전제군주 같은 하느님의 개념보다 그리스도의 메시지로부터 멀어진 것도 없다. 나는 그 같은 하느님에 대한 왜곡된 개념(이러한 개념은 애석하게도 너무나 자주, 두려움을 통해 사람들의 의식을 통제하고자 하는 성직자들의 가르침의 핵심이 되어왔다)이 얼마나 많은 신실한 사람들을 신앙으로부터 멀어지게 했을지 안다. 참으로 다행하게도 오늘날엔 이 이미지가 거의 완전히 사라졌다. 두려움에 토대를 둔 가르침으로 사람들을 그리스도에게로 인도해서는 안되며, 실제 그대로의 가르침으로 인도해야 한다는 것을 교회가 마침내 깨달은 것 같다. 충분히 사랑하지 못할까봐 두려워하는 마음 이외의 모든 두려움으로부터 벗어나게 해주는 사랑의 메시지를 통해 인도해

단순한 기쁨

야 함을 말이다.

   그 외에도 여러 왜곡된 이미지들이 있다. 그 가운데 많은 것들이 교회 사람들에 의해 유지되고 있다. 옹색할 정도로 교화적인 하느님, 여성을 혐오하는 하느님 등등. 이 모든 왜곡된 모습들 앞에서 나는 점차적으로 '하느님'(너무도 끔찍하고 부당한 이미지들로 인해 왜곡된)이라는 말을 '사랑이신 영원한 주'라는 말로 대체하는 습관을 갖게 되었다.

깨어나야 한다

하느님에 대한 왜곡된 묘사들말고도 신앙에 대한 왜곡된 묘사들과 신자들에 대한 왜곡된 묘사들도 있다. 그 모든 것 가운데 최악의 것은 의심할 여지없이 광신에 대한 것이다.

우리는 분노하고 힘을 다해 모든 형태의 종교적 광신과 싸워야만 한다. 그러기 위해서는 우선 '내가 너희들을 사랑한 것처럼 너희도 서로 사랑하라'는 그리스도의 가르침을 따르려고 애써야 할 것이다. 우리들 각자는 매일같이 다른 사람들의 고통을 덜어주고자 애씀으로써 그 어떤 연설보다도 잘 광신에 맞설 수 있다. 하지만 좀더 용기를 내어, 폭력 속에서 길을 잃은 그리스도인 형제들에게, 유대교인들에게, 회교도들에게, 그리고 또 다른 모든 사람들에게 참된 유일한 종교는, 그 이름이야 어떠하건, 이웃에 대한 사랑을 존중하는 종교라는 사실을 상기시키자. 사랑에 대한 모독은 그 무엇보다 중대한 모독이다.

나는 그리스도교, 유대교, 힌두교, 회교, 혹은 또 다른 종교에서 볼 수 있는 종교적 광신을 어떻게 설명해야 할지 오랫동안 자문해보았다. 오늘날 종교적 광신은 근본적으로 영적인 것과 세속적인 것을 혼동한 데서, 종교에 대한 개인적 추구가 정치적 권위에 대한 욕망으로 전환된 데서 비롯된 것이라고 나는 확신한다. 절대자에 대한 개인적 탐구는 성스러움으로 인도할 수 있다. 그러나 집단의 정치적 탐욕으로 변질되어버린 절대자는 온갖 형태의 광신을 향해 열린 문과 같다.

거대 일신교들에 한정해서 보자면 그 종교들 전부가 제각각 영적인 것과 세속적인 것을 혼동하는 오류를 범했었다.

절대자를 탐구하는 루이 마시뇽(Louis Massignon)은 이슬람교가 믿음의 종교이며, 유대교는 희망의 종교요, 그리스도교는 사랑의 종교라고 했는데, 아마도 그 말이 맞는 것 같다.

수세기가 흐르는 동안 우리는 끔찍한 현실을 보게 되었다. 알라신에 대한 믿음이라는 명목하에 회교도들은 '이교도'들을 학살했고, 하느님의 약속에 대한 희망이라는 이름으로 유대인들은

'무신앙인'들을 학살했으며, 그리스도교들은 그리스도의 사랑이라는 이름으로 '광신도'들을 학살했던 것이다.

이제는 모든 종교인들이 신앙의 진리로 하나가 되어, 선의를 가진 많은 사람들이 사랑이신 하느님을 만나는 데 큰 장애물이 되고 있는 종교적 광신들을 고발하고 끈질기게 고쳐나가야 할 때가 아니겠는가?

여기서 나는 그리스도인들에게서 보여졌던 광신행위들과 개혁을 반대하는 보수주의 동향들을 떠올리고 고발하는 것에 그치려 한다. 유대교와 회교, 그리고 또다른 종교의 형제들도 같은 방식으로 그들 고유의 종교와 관련된 광신행위들을 고발하리라 믿는다. 각자 자기 문 앞에 쌓인 일을 맡기로 하자.

얼핏 보기에, 그리스도에 대한 메시지보다 더 광신에 실마리를 제공하는 것도 없어보인다. 많은 이들이 그리스도를 당시 로마의 속박을 받던 '이스라엘의 해방자'와 같은 정치적 메시아로서 기다렸던 게 분명하다. 그러나 (독실한 유대교 신자였던) 예수께서는 이 정치적 역할을 떠맡길 거부한다. "카이사르의 것은 카이사르에게 돌리고, 하느님의 것은 하느님께 돌려라"라는 말로 그는 영적인 것과 세속적인 것 사이에 분명하게 구분을 지었다. 유대인들의 왕이냐고 묻는 로마 총독 빌라도에게 그는 말한다. "나의 왕국은 이 세상에 있지 않다." 그의 메시지는 그가 '아버지'라고 부르는 하느님의 무한한 사랑과 자비에 전적으로 집중되어 있다.

그는 종교 지도자들로부터 완벽하게 자유로웠다. 앞에서 이미 말한 바 있는, 남편이 다섯인 사마리아 여인이 근심 어린 얼굴로 사마리아인들이 생각하는 것처럼 가리짐 산에서 하느님께 예배를 드려야 하는지 아니면 유대인들이 주장하는 것처럼 예루살렘 예배당에서 예배를 드려야 하는지를 물었을 때, 예수께서 하신 대답에 나는 언제나 탄복한다. "내 말을 믿어라. 사람들이 아버지께 예배를 드릴 때에 '이 산이다' 또는 '예루살렘이다' 하고 굳이 장소를 가리지 않아도 될 때가 올 것이다. 너희는 무엇인지도 모르고 예배하지만 우리는 우리가 예배드리는 분을 잘 알고 있다. 구원은 유대인에게서 오기 때문이다. 그러나 진실하게 예배하는 사람들이 영적으로 참되게 아버지께 예배를 드릴 때가 올 터인데 바로 지금이 그때이다. 아버지께서는 이렇게 예배하는 사람들을 찾고 계신다. 하느님은 영적인 분이시다. 그러므로 예배하는 사람들은 영적으로 참되게 하느님께 예배드려야 한다"(요한복음 4장 21~24절).

　이 대답 하나로(복음서의 여러 구절들에서 재차 확인되는) 예수께서는 인간을 종교적 제도의 지나친 구속으로부터 해방시켜 각자가 자신이 속한 공동체 안에서 하느님과 개인적 관계를 맺을 수 있게 해준다. 예수께서는 그 여인에게 요지를 말씀하신다. 중요한 것은 어떤 장소에서, 어떤 방식으로, 어떤 종교적 전통에 따라 하느님께 예배를 드리느냐가 아니라, 소외되지 않도록 함께 모여 개인적인 기도 속에서 하느님과의 만남을 갖는 것이다. 몇몇 이스라엘 예언자들의 뒤를 이어 예수께서는 신자 개개인의 깊은 신앙에 의해 활성화되지 않은 공동체적 신앙생활이 얼마나 공허한 것일 수 있는지를 보여준다. 그는 공동체 안에서의 개인의 위상을 드높인다. 그는 관례적으로 받아들여지고 있는 규범들, 때로는 꼭 필요한 보호책이기도 하고 때로는 숨막히는 구속이기도 한 그 규범들을 대하는 우리에게 개인적 양심에 귀기울이라고 권고한다. 이 얼마나 혁신적 생각인가!

　교회에게 있어 재난의 시기는 4세기에 일어난 콘스탄티누스 대제의 '개종'과 더불어 시작된다. 그때부터 특권층들이 순교자들 뒤를 잇게 된다.

로마 제국의 공식 종교가 된 그리스도교는 금세 활력을 잃게 되고, 법규들과 권위, 삼각형의 왕관인 주교관과 금지들로 무장한 법제화된 종교가 되고 만다. 요컨대, 속박에 기여할 수 있는 모든 것으로 무장한 종교가 된 것이다.

오늘날 세상은 활력을 주는 샘물을 더더욱 필요로 한다. 황금이나 무기를 벗고 하느님께로 다가가고자 하는 갈증을 해소하자니 그렇다.

그후 우리는 사도들과 순교자들로 이루어진, 힘은 없으나 마음을 감동시키던 교회에서 너무도 빨리 멀어진다. 곧 교회는 아름다운 대성당들에서 하느님을 찬양하게 되지만, 잘못된 길로 접어들게 된다. 인도자들은 왕족 행세를 하고, 세속적 욕망에 굴복하고 마는 이가 한둘이 아니었다.

영적인 것과 세속적인 것의 이같은 혼동은 모든 광신적 일탈에 길을 열어주게 된다.

2천 년 가량의 세월 동안 어떻게 해서 사랑의 종교가 수차례에 걸쳐 증오와 폭력의 교리로, 다시 말해 복음과는 정반대의 교리로 변했는지를 이해하는 열쇠가 바로 여기에 있다. 그래도 경이로운 것은, 목숨을 걸고서 그러한 잘못된 점을 고발하고자 했던 참된 신앙인들이 그 오랜 세월 내내 끊임없이 있어왔다는 사실이다.

 사회를 완벽하게 통제하고 싶은 유혹이 성직자들을 사로잡았고(이를 차후에 '교권주의'라 부르게 된다), 그것이 교회의 일부 목자들과 그들의 '세속적 세력' 다시 말해 그들과 연맹을 맺거나 그들에게 복종하는 속세의 세력가들로 하여금 우리가 잘 알고 있는 끔찍한 만행을 저지르게 했다. 곳곳에서 세례와 개종이 강제로 행해졌다. '열렬한 그리스도인'인 샤를마뉴(Charlemagne) 대제가 여러 교황의 지지를 받거나 암묵적인 공모 속에서 그리스도교 신앙을 받아들이기를 거부한 수천 명의 '이교도'들을 학살하지 않았던가?

 또한 16세기와 17세기에는, 신세계의 거주민들이 탐욕스런 식민지 개척자들과 지나치게 열성적인 선교사들의 폭정을 감내해야 했으며, 바르톨로메오 드 라스 카사스(Bartolomeo de Las Casas)와 같은 보기 드문 몇몇 인물을 제외한 대부분의 선교사들은 그리스도인이 아니라는 이유로 인디언들이 열등한 인간으로 취급당하는 걸 묵인하지 않았던가.

 흩어졌거나 제한된 구역에서만 살도록 강요당한 유대인들 또한, 그들이 진리를 쥐고서 그걸 사회에 강요한다는 그리스도인들의 주장으로 인해 과중한 대가를 치렀다.

십자군 전쟁은 그리스도의 무덤을 사마리아인들의 손에서 해방시키고자 하는 민중들의 갈망을 뛰어넘어 정치적·경제적 지배를 꾀하는 시도로 변하지 않았던가? 더할 나위 없이 반그리스도교적인 수단까지도 동원해서 말이다.

종교재판에서는 '영벌로부터 영혼을 구하기' 위해 이단자를 불태운다는, 퇴폐적이고도 끔찍하며 교묘한 논리에 이르지 않았던가? 이 얼마나 자비를 능멸하는 행위인가! 게다가 그토록 파렴치한 수탈행위를 하면서 그 같은 세속적 야망들을 감추기 위해 현학적인 언어로 신학적 정당성을 들이대지 않았던가?

이 시대의 그리스도인들은, 때로는 위대한 인물들까지도, 그리스도교적인 정치 사회를 건립하기 위해 그들 신앙의 기본 토대까지 부인했다. 예수의 가르침과 대척되는 입장에 서서, 양심을 팔아 정당화될 수 없는 것을 정당화하기도 하고, 임시변통의 '신학'을 들이대기도 했다. 그런 식으로 말의 의미를 변질시켜 '교회 밖에서의 구원이란 없다'라는 슬로건을 퍼뜨렸던 것이다.

이처럼 그 긴 세월 동안, 복음을 전하는 사람들의 공동체인 교회가 박해의 대상에서 벗어나 신앙을 자유롭게 증언할 수 있게 되자마자 권력과 부를 얻고자 다투는 이 세상의 지도자들과 경쟁하려고 들었던 것이다.

알 수 없는 존재에 대한 확신

그럼에도 교회는 믿음과 사랑과 자발적인 가난을 전하는 복음의 메시지를 부르짖지 않은 적이 없었다. 성인들을 배출하지 않은 적도 없었다.

하지만 교회에 잔재한 권력과 부에서 비롯되는 모순과 타협들이 때로는 아직까지도 얼마나 무겁게 짓누르고 있는지 모른다. 예를 들어 라틴 아메리카에서는 정치적 술책과 성직자의 사치나 부로 인해 예수의 증언이 미칠 수 있는 영향력이 미미한 형편이다.

교황 요한 23세가 제2차 바티칸 공의회를 소집하기로 결정을 내렸을 때, 교황은 내 친구 가운데 한 사람인 젊은 주교에게 이렇게 말했다. "매우 주의하셔야 합니다. 콘스탄티누스 시대의 종말에 참석하게 되는 것일 테니 말입니다."

그리고 실제로 공의회는 교황을 한 국가의 원수(고유의 군대와 동맹국과 제후들과 야망을 지닌)로 만들어온 오래된 관습의 중압감으로부터 교회를 해방시키는 새로운 시대의 시작을 알렸다. 그동안 교회를 왜곡시켜온 세속적 권력의 짐을 벗어버린 교회가 다시금 제 본연의 임무인 복음의 기쁜 소식을 전하는 일, 다시 말해 하느님이 사랑이시라는 사실을 믿을 수 있게 만드는 임무에 전력을 기울일 수 있을까?

호사스러운 관례나 의식에 있어서는 분명히 아직도 시대착오적이거나 지나치게 비용을 들이거나 쓸모없는 많은 요소들을 제거해야 할 일이 남아 있다.

교황 요한 23세는 성 베드로 대성당 안을 통과할 때 사람들이 교황을 태우고 등에 짊어지고 다니던 가마를 박물관으로 보내라는 결정을 내리셨다.

그와 마찬가지로 교황 바오로 6세는 왕과 황제, 그리고 황제 위에 위치한 교황을 상징하는 삼중관(冠)을 거부했다.

어떤 이들은(나도 그중 한 사람인데) 우리의 교황께서 주교들을 주교관(冠)으로부터 해방시켜 줄 날을 꿈꿔왔으며 지금도 꿈꾸고 있다. 주교관은 과거에는 의미가 있었겠으나, 오늘날에는 너무도 우스꽝스러워 보이는 것이다.

어떤 가난한 나라들에서는 고위 성직자의 재산이나 생활수준이 사람들의 빈축을 사게 된다. 성소의 아름다움은 그 대리석 포석이나 장식물에 달린 것이 아니라, 성소 주변에 주거지 없는 가족이 단 한 가족도 없다는 사실에 달려 있다는 것을 사람들은 언제쯤 깨닫게 될까?

'교권주의'의 열정이 언제고 다시 일어날 우려가 있으니 경계를 늦추지 말자. 교회가 가난으로 그에 대처할 수 있기를 바란다.

하지만 중요한 것은 제2차 바티칸 공의회에서 결정적으로 콘스탄티누스 시대의 종결을 교회에 허락했다는 사실이니 이를 명심하자.

바로 그러한 이유 때문에 르페브르 예하와 다른 몇몇 사람들은 공의회를 받아들이지 않았다. 그가 당황해하는 이유는 라틴어에 대한 미련만으로는 설명되지 않는다. 샤를르 모라스(Charles Maurras, 전통주의와 민족주의를 옹호한 프랑스 작가이자 정치가로, 무솔리니와 프랑코, 페탱을 지지했던 일로 수감되었다가 죽기 직전에 사면되었다―옮긴이 주)를 지지하는 환경에서 자란 그는 어린시절부터 권좌와 제단이 언제나 상호 지지되어야 한다고 들어왔다. 나는 그를 다카르에서 알게 되었는데, 그에게는 식민지 해방이 곧 배교를 의미했다. 마치 식민지에 파견된 공무원들을 선교자들인 양 여겼던 것이다! 그런데도 그는 '교회의 맏딸인 프랑스'가 그 '야만' 민족들을 버렸다는 느낌을 가지고 있었다.

진짜 개혁반대주의자들이 그리워한 것은 수단과 향과 라틴어가 아니라 콘스탄티누스 시대였다. 그들은 교회의 법에 순종하는 사회에 대해 향수를 느끼고 있었다. 그렇기 때문에 그들은 광신적인 태도를 고수했으며, 자신들이 진리라고 생각하는 것을 지키기 위해서는 살인까지도 마다하지 않았다(그 최근의 예 가운데 하나가 〈그리스도 최후의 유혹〉이란 영화를 상영하던 생-미셸 극장에서 발생한 테러행위이다). '이것은 복음에 어긋납니다'라고 말하는 데는 폭력의 힘을 빌리지 않고도 다른 방법들이 있음을 우리는 보여주어야만 한다.

사회학적 연구들을 통해 알려진 바에 의하면, 이탈리아에서는 투표에서 공산주의자들이 압도적으로 우세하고 무신론이 지배적인 지역들이 옛 교황 통치구역과 일치한다. 이는 오랫동안 자신들의 영적 임무에서 많은 이득을 본 '교권주의'에 대한 반발로 일어난 소위 '반교권주의' 움직임을 보여주는 것이다.

사제서품을 받기 전날, 내가 뤼박 신부님께 고백성사를 했을 때, 신부님께서는 『가톨릭 신앙』이라는 당신의 최근 저서를 내게 내미셨다. 나는 책을 펼치다가 다음과 같은 헌사를 읽고서 놀라는 한편 참으로 기뻤다. "내일 자네가 사제서품식 때 교회 바닥에 엎드리거든 성령께 이 한 가지만 부탁하게나. 성자들의 반교권주의를 자네에게 내려달라고 말일세." 나는 평생 동안 그분의 충고를 따르려고 애서왔다.

한번은 신부님과 이 얘기를 나누게 되었는데, 신부님은 웃으시다가도 때때로 엄격한 표정을 지으며 이렇게 말씀하셨다. "그렇네, 반교권주의라네. 하지만 '성자들'의 반교권주의를 말하는 것이지, 교권주의자가 아니라는 확신을 갖기 위해 모든 규율을, 그 무엇보다 복음을 따르는 규율조차도 회피하려고 드는 자들의 반교권주의가 아니라네."

진리의 빛

　예수의 죽음 이후 20세기가 흐르는 동안 이어져온 교회의 오랜 역사에 눈길을 던져보면 완전히 모순되는 두 갈래의 큰 흐름이 어찌 눈에 들어오지 않겠는가?
　한편으로는 물의를 일으킨 몇몇 교황들, 강제 개종, 종교재판의 화형대, 십자군들의 방종, 세속적인 권력과의 갖은 타협 등이 있었으며, 다른 한편으론 교회의 힘으로 여러 세기를 거치면서 전해 내려올 수 있었던 강렬한 섬광 같은 메시지인 복음, 특출한 성인들, 수많은 구호단체들에서 펼쳐온 겸허한 봉사, 조용히 경배드리는 가운데 제각기 다르지만 결연한 방식으로 하느님께 자신들의 삶을 바쳐온 수많은 남녀들이 있었다.
　요컨대 교회는 가장 좋은 것과 가장 나쁜 것 모두를 배출한 것이다. 오늘날 우리는 그 나쁜 것만을 보려는 경향이 있다. 그 얘기를 하기 전에 나는 우선 교회가 가진 좋은 점을 상기해보고 싶다.

우리는 쉬 교회를 복음의 반대편에 둔다. 루이지(Alfred Loisy, 근대적 시각의 성서해석으로 인해 끝내 파문당한 프랑스 사제이자 성서해석학자—옮긴이 주)가 한 유명한 말을 인용해보자. '교회는 교회를 단죄하는 메시지를 알려야 할 막중한 임무가 있다.' 사실 네 복음서와 신약의 모든 글들이 이미 교회의 작품이다. 그 글들은 그리스도에 의해 씌어진 것도, 성령에 의해 석판에 씌어진 것도 아니다. 그 글들은 오늘날 우리가 너무도 잘 알고 있듯이, 최초의 그리스도교 공동체들에 의해 씌어진 것들이다. 그 글들은 사도들과 그의 첫 계승자들의 교회인 초기 교회의 구체적 삶의 직접적인 결실이다. 복음서는 하나의 사유요 메시지요 신앙으로, 씌어지기 이전에 경험된 것이다. 초기 그리스도인들의 신앙인 것이다.

그 이후로 그리스도인들은 끊임없이 그 메시지를 깊이 연구하고 살찌워왔다. 교회의 위대한 성전이요, 성인들과 사제들과 박사들과 신비주의자들의 성전인 복음서는 인간 사회의 요구에 대처하기 위해 끊임없이 자세히 설명되고 풀이된다. 이런 의미에서 교회는 2천 년 전부터 그리스도의 놀라운 메시지를 우리에게 전하는 어머니와 같다. 교회가 없었다면 나는 그 메시지를 만나지 못했을 것이며, 그것에서 자양분을 얻지도, 그것을 나의 것으로 만들지도 못했을 것이다.

그렇기 때문에 나는 사람들이 교회를 조롱하고, 사소한 잘못을 크게 떠벌리고, 결점들을 비웃는 걸 보면 안타깝다. 그리스도인들이 출간하는 풍자적인 잡지가 있다. 그 잡지의 창간자들은 애초부터 교회를 '사슬에 묶인 오리'(《Canard enchaîné》, 통렬한 풍자로 유명한 프랑스 신문―옮긴이 주)쯤으로 생각하고 그 잡지를 만들었다. 어느 날, 그 잡지사에서 내게 짤막한 글을 써달라고 청해 왔다. 나는 글을 보내주었다. 그때까지 나는 그 잡지를 알지 못했다. 출간된 그 잡지를 한 부 받아보고 나서야 나는 그 잡지에 대한 견해를 가질 수 있었다. 나는 즉각 그들에게 말했다. "나는 당신네 잡지를 절대로 정기구독하지 않겠소. 당신들이 교회의 과실을 조롱하는 데 지면을 몽땅 할애하고 있으니 말이오."

경우에 따라서는 웃어넘길 일들도 있지만, 걸핏하면 교회를 우스꽝스럽게 만들려고 드는 데는 참을 수가 없다. 그것은 마치 알코올중독자가 된 어머니가 있는데, 어머니가 다시 일어설 수 있도록 돕기는커녕, 어머니를 공공장소로 끌고 다니는 것과 같다. 그 잡지는 그후 많이 달라졌다고 한다.

많은 과실을 갖고 있을지라도 교회는 나의 어머니이다. 나를 있게 하는 진리, 즉 '어쨌든 하느님은 사랑이시다' '어쨌든 나도 사랑받고 있으며 너도 사랑받는다' '너와 나, 우리는 사랑으로 사랑에 보답할 수 있기 위해 자유로운 것이다'라는 세 가지 진리가 교회를 통해서 내게 전해졌기 때문이다.

하지만 전세계적으로 활동하자니 어쩔 수 없이 있어야 하는 교회의 통치조직과 그 대표들 가운데 일부의 태도가 때때로 복음의 정신과 동떨어진 것임은 분명한 사실이다.

이 점과 관련해서 나는 새로운 교황대사의 관저가 건축되고 있던 남미의 한 대도시에서 내 눈으로 직접 목격한 일을 잊을 수가 없다. 그것이 어마어마한 비용이 드는 건축이다 보니 가난한 사람들이 밤에 몰래 와서 타르로 벽에다 '가난한 자는 행복하나니'라고 적어놓곤 했다. 그러자 건축을 맡은 성직자가 경찰을 불렀다. 교황의 집에 복음의 말씀이 적히는 걸 막기 위해서 말이다!

나는 비오 11세 이후의 모든 교황들을, 짧은 기간 재위했던 요한 바오로 1세를 제외하고는 모두 개인적으로 만나보았다.

비오 11세와의 만남은 어린아이 장난 같은 것이었다. 내가 열네 살 때의 일이었다. 보이스카웃인 친구 한 명과 나는 교황께서 지나갈 때 멈춰 세워서 '제비'라는 이름의 우리 단원의 깃발을 축성해달라고 하리라 마음먹고 있었다. 결국 우리는 마음먹은 대로 했다. 교황께서는 프랑스어를 유창하게 구사했으며, 깃발을 들고서 이렇게 말씀하셨다. "리옹이라! 푸르비에르 성당에서 교황을 위해 기도하거라. 리옹에는 형제가 한 사람 있어서 여러 번 들른 적이 있단다. 너희들의 깃발을 축성한다." 물론 규율에서 벗어난 이 행동으로 인해 우리는 나중에 크게 혼이 났다. 그래도 우리는 기뻐 어쩔 줄을 몰랐다.

비오 12세와의 첫번째 만남은 간접적인 것이었다. 하지만 그 만남은 내게 막중한 책임감을 떠안겨 주었다. 1944년 5월 18일, 스페인에 밀입국했다가 돌아오는 길에 캉보-레-뱅에서 체포되었던 나는 도망친 뒤 6월 16일에 알제에 도착했다.

알제에 도착하자 곧 나는 당시 유엔 라디오 방송에다 연설을 해달라는 요청을 받았다(바로 이때부터 나는 2년 전부터 갖고 있던 여러 개의 가짜 신분들 가운데 피에르 신부라는 이름으로 불리게 되었으며—신분이 발각되어 프랑스에 있는 나의 가족들까지 위태로워지지 않도록—이 이름으로 나의 신분을 증명하는 서류들이 새롭게 만들어졌다).

8월 3일에 알제 교구의 사제 한 사람이 나를 보러 왔다. 그는 지금까지도 대중들에게는 전혀 알려지지 않은 문서를 하나 가지고 왔다.

프랑스 사람들은 남부지역이 점령되고 항독지하단체가 활동하기 시작한 때부터 로마에서 티세랑 추기경이 레지스탕스 대원들과 무장 투쟁의 위험을 함께 나누는 사제들에게 은밀한 방법으로라도 격려의 신호를 보내줄 것을 교황께 끈질기게 부탁해오고 있다는 사실을 잘 알고 있었다.

그의 노력은 그때껏 아무런 결실을 보지 못하고 있었다. 그런데 이날 8월 3일에 내게 맡겨진 문제의 그 문서 속에 바로 로마의 '대답'이 담겨 있었으며, 그걸 내가 공개하도록 되어 있었.

그 어느 때보다 힘겨운 전투를 겪고 있는 순간에서야 그 대답을 받게 되자 나는 울컥 화가 치밀었다.

그것은 티세랑 추기경 앞으로 보낸, 6월 13일자 메시지로 타르디니 예하의 이름으로 서명되어 있었다. 타르디니 예하는 당시 몬티니 예하와 함께 바티칸 시국의 국무성 대리를 맡고 있었다. 그 자리는 외교술에 뛰어난 비오 12세께서 교황 재량으로 남겨둔 자리였다.

당시 관례가 요구하던 거창한 문체에 대한 책임이 타르디니 예하에게 있는 건 아니었지만, 그가 사용한 문체는 더더욱 그 글을 읽기 힘들게 만들었다.

티세랑 추기경이 2년 동안 온갖 방법을 다 동원했으며, 6월 2일에 마지막 시도까지 했음에도 불구하고(6월 2일이란 다시 말해 노르망디 상륙작전이 있기 이틀 전이다), 우리는 6월 13일이 되어서야(즉, 상륙작전의 성공이 확실해진 뒤에서야) 비오 12세 이름의 그 글을 받게 된 것이다.

"존귀하신 예하께, '항독지하단체' 사람들의 영적 참여와 관련하여 이달 2일자로 보낸 예하의 편지가 본인을 통해 존엄하신 성하께 전달되었음을 알려드리게 되어 영예롭게 생각합니다. 교황 성하께서는 예하께서 말씀하신 것을 우애어린 마음으로 서둘러 고려하시어 프랑스 주교단의 영적 참여를 배려하신다는 말씀을 고맙게도 해주셨으며, 이 결정을 내리시는 데 있어 1939년 12월 8일자 추기경회의에서 의결된 직권을 사용하실 것입니다. 프랑스의 교황대사께도 이 최종 결정을 통보 드렸습니다"(도메니코 타르디니 서명).

이날 8월 3일 저녁에 나는 이 문서를 라디오 방송으로 읽었다. 나는 혐오감을 누르고('우애어린 마음으로 서둘러'), 높으신 정신적 지주들의 충고를 기다리느라 지금껏 행동하기를 결심하지 못하고 망설이고 있던 많은 사람들의 지지를 촉구할 수 있을 만한 부분만을 읽었다. 그리고나서 다음과 같은 공식성명을 덧붙여 읽었다가 나중에 비난을 받았다. "이제 로마가 해방되자마자 '항독 지하단체의 사제들'에게 정의가 돌려졌습니다. 그들은 조금도 주저하지 않고서 강제수용이 시작되었을 때부터 양심의 본능에 따라, 위선적인 적법성을 사취하거나 '대독협력자'가 되기를 단호히 거부하고서, 프랑스의 젊은이들과 함께하며 그들에게 정신적 도움을 주어왔습니다. 형제 또는 친구들이 마침내 '좋다'고 하시는 아버지의 목소리를 듣게 되었으니 참으로 잘된 일입니다."

이틀 뒤, 드골 장군이 나를 점심식사에 초대했다. 그는 늘 하듯이 우정어린 농담을 늘어놓다가 그 문서를 읽을 때 내가 중립적인 어조를 잘 지켰다고 찬사를 보냈다!

전쟁이 끝나고, 나는 부족하지만 어쨌든 국회의원이 되었고, 6년 동안 1년에 두 번씩 교황과의 면담을 요청했다. 그때 우리는 한번도 전쟁 당시의 일을 다시 말한 적이 없다.

당시 나는 세계연방실현운동(MUCM)의 집행부를 맡고 있었다. 내가 주재하는 마지막 회의가 로마에서 개최되었다. 이 운동의 심의회는 개최 초기부터 교황께 면담을 요청해왔다.

우리는 여러 나라와 여러 종교단체의 대표들로 구성되어 있었다. 정성스레 작성되어 바로 이날 저녁 《옵세르바토레 로마노 *Osservatore romano*》에 실리게 될 글을 옷소매에서 꺼내시던 교황께서는 우리들 가운데에서 개신교 목사인 트로크메 씨를 알아보셨다. 이 목사는 유대 어린아이들을 구한 훌륭한 인물들 가운데 한 사람이었다. 교황께서 내게 말씀하셨다. "교황 옆에 서서 사진을 찍는 게 목사님께 실례가 되는 일은 아닌지 물어보시겠습니까?" 목사님은 비오 12세 앞으로 두 발짝 나아가더니 이렇게 말했다. "어떻게 제가 그리스도 안에서 한 형제인 분과 함께 사진찍기를 꺼려할 거라고 생각하십니까?"

나는 요한 23세와는 좀더 잘 알고 지냈다. 그분은 내가 국회의원이었을 때 파리의 교황대사로 계셨다. 나는 거의 매달 그분을 만나러 갔다. 그분은 때때로 나의 고해신부가 되어주시기도 했다. 우리는 아주 가깝게 지냈다. 내가 미사경본에서 성금요일과 관계된 부분 가운데 늘 참을 수 없다고 여겨왔던 문장들인, '그리스도를 죽인 죄'로 인해 유대인들을 '저주받은 유대인'이라고 말하는 문장들을 지워버린 것은 공의회가 열리기 훨씬 이전으로, 그분과 대화를 나누고 나서였다. 오랫동안 그리스도인들의 마음에 독을 심어놓은 이 반유대주의가 공의회를 통해 공식적으로 일소된 것은 참으로 잘된 일이다.

나는 바오로 6세가 될 몬티니 예하도 만나보았다. 그분은 내가 비오 12세와 만날 때마다 매번 자리를 함께하셨다. 연세 때문에 비오 12세가 제대로 일을 볼 수 없게 되었을 때 그분은 바티칸 국무성의 자리를 사임하고 밀라노의 대주교 추기경이 되셨고, 나를 불러 그분의 교회에서 설교하게 하셨다.

요한 바오로 2세와는 여러 차례 만났다. 그분과의 만남을 결코 잊지 못할 것이다. 그분은 내게 나이를 묻더니 "교황이 신부님보다 더 젊군요"라고 말했다. 나는 대답했다. "그렇습니다. 교황님께서 더 젊으십니다. 하지만 교황님께서는 교황님을 임명하신 분들이 받아들인다면, 로마의 주교들처럼 75세에 은퇴하셔서 막중한 책임감을 벗고 생애를 마무리짓게 되실지도 모르지요." 그분은 웃으며 내게 말했다. "그건 생각해봐야 할 문제군요."

병도 들고 75세를 넘겼음에도 그분이 자신의 직무를 거부하지 않았다는 사실을 우리는 모두가 알고 있다. 한 가지 소문이 떠돌고 있다. 그 소문을 그분께서 직접 확인시켜 주신다면 좋을 일이다. 지난 여러 세기 동안 교회에 의해 행해진 인간적 잘못을 되돌아보기 위해 그분께서는 측근들에게 그 작업(엄청난 작업이다!)을 시켰다고 한다. 그리스도의 대변인이자, 교회의 수장으로서 당신께서 직접 예수와 인류에게 용서를 구하기 위해서라고 한다.

그 같은 태도—1986년에 아시시에서 있었던 여러 종교단체들의 만남과 또 다른 여러 본보기적인 행위들—를 통해 교황께서는 당신이 복음의 사람임을 분명히 보여주고 있다.

그런데 규율과 성도덕의 문제에 관한 그분의 태도에 대해서는 애석하게도 썩 잘했다는 생각이 들지 않는다. 예를 들어, 요한 바오로 2세께서는 에이즈가 엄청나게 퍼진 아프리카 나라에 갔을 때 이렇게 말씀하셨다. "여러분들에게 남은 오직 한 가지 치료법은 금욕뿐입니다." 대부분이 일부다처의 가정을 꾸리고 있으며 오직 사내아이의 숫자로서만 대접받는 나라의 형제들에게 그 말은 아무 의미 없는 말이다. 만약 "여러분들이 일부다처제를 고수하건 아니건 간에 가장 확실한 예방책은 정조를 지키는 것입니다. 만약 남편이, 그리고 그 부인 또는 부인들이 의사를 통해 감염되지 않았다는 사실을 확인하게 되면 정조를 지키십시오. 그러면 안전할 것입니다"라는 말을 그들이 들었더라면 그들은 모두가 한결 이해받고 있다는 느낌을 가졌을 것이다.

종종 너무도 잘못 이해되고 있는 '성직자의 무류성(無謬性)'이라는 개념에 대해 여기서 어찌 한마디하지 않을 수 있겠는가?

사실은 이렇다. 일부 고위 성직자들이 때때로 모범적이지 못한 행동을 했더라도 지금껏 한번도 이 학설이 파기된 적은 없었다. 지나온 여러 세기 동안에는 교의가 변화될 기미조차 보이지 않았다. 어쩌면 이제는 그것을 모든 인간이 이해할 수 있는 문체로 풀이할 시간이 되지 않았나 싶다. 하지만 이러저러한 사람들의 개인적 과실이 있었음에도 이 학설은 근본적으로 본래의 메시지에 충실한 상태로 남아 있었다. 바로 이 점에 신앙과 관계된 교황의 무류성이 놓여 있는 것이다.

교회의 '통치'와 관련해서는 얘기가 전혀 다르다. 성령께서 통치를 하는 건 아니다. 성령께서는 권한을 가진 자들을 보좌하는 것이지, 갈릴레오를 단죄하는 고위 성직자들에게 지시를 내리는 것이 아니다!

라친거 추기경이 '지금껏 교회는 인구폭발에 관해 유용한 말을 한마디도 하지 않았다'라고 한 말을 읽었을 때 나는 이런 생각을 하지 않을 수 없었다. 얼마나 다행스러운 일인가! 만약 이 엄청난 사건에 직면해서 '유용한' 말들을 서둘러 하려고 애썼더라면 아마도 곧 수정해야 할 실수들을 저질렀을 게 분명하니 말이다.

티세랑 추기경이 내게 들려준 놀라운 생각을 나는 잊을 수가 없다. 그분은 낭시 출신이었고, 나는 그 지역 의원이었다. 그래서 그분은 내가 로마에 갈 때마다 만남을 가지려고 했다.

하루는 그분에게서 로마 근교에 있는 그의 교구에다 수많은 가족들을 위해 세운 집들을 보러 가자는 초대를 받았다. 차 안에서 그분은 이런 얘기를 했다. "푸에르토리코에서 발견한 식물을 가지고 미국인들이 어떤 실험을 했는지 들어보았소? 그곳 원주민들은 그 식물이 부부간에 성관계를 가져도 수태하지 않게 해준다고 믿는답니다." 그리고는 좀더 자세히 설명했다. "나중에 이 식물을 화학적으로 분석해서 그 구성성분에서 피임물질을 만들어내게 되었지요. 그런데 이 피임약은 식물에서 추출된 것이니 하느님께서 창조하신 자연적인 것이 아니겠습니까." 그리고 나서 그분은 내 무릎을 치며 이렇게 덧붙였다. "하느님께서 자연 속에 창조해 놓으시어 세상이 이처럼 큰 시련에 처한 때에 우리로 하여금 발견하도록 해둔 것을 우리가 이용하는 건 잘못된 일이라고 말하기 위해 우리네 도덕가들께서는 또 어떤 궁리를 할까요?"

이 말에서, 그것도 추기경의 입을 통해 나는 그 뒤 크게 논쟁거리가 될 피임약에 대해 처음으로 듣게 되었던 것이다.

지금으로부터 몇 년 전에 내 친구 한 사람이 어느 추기경에게 한 가지 질문을 했다. 정신적·심리적으로 심각한 어려움을 겪고 있는 가련한 광적인 그리스도인들에 관한 질문이었다. 그 친구는 이런 대답을 들었다. "추기경에게 묻는 겁니까 아니면 양심의 지도자에게 묻는 겁니까? 만약 추기경에게 묻는 거라면 가서 교황님의 연설문을 다시 읽어보십시오. 양심의 지도자에게 묻는 거라면, 그들에게 나를 만나보라고 하십시오. 그래야 나도 그들의 가련한 처지를 고려해서 위험을 무릅쓰고서라도 양심적인 사람들이 지킬 만한 충고를 해줄 수 있을 터이니 말입니다." 나는 이 말이 처음에는 이중적인 말처럼 들려 깜짝 놀랐다. 하지만 곧 추기경의 대답에 담긴 지혜를 깨달았다.

인간은 밤바다를 항해하는 한 척의 배와 같다. 복음과 교회는 바닷가에 있는 등대와 같다. 그것의 위치는 완벽할 정도로 정확하게 지정되어 있다. 그것은 계시와 교리의 엄정성을 의미한다. 하지만 제아무리 멋들어진 자리를 차지하고 있을지라도 등대가 꺼져 있으면 아무 소용이 없다. 그러면 배는 암초에 좌초하고 말 것이다.

등대의 정확한 위치는 우리의 책임과 관계된 것이 아니라 하더라도, 그 등대가 사랑의 온기 속에서 빛을 발하게 되는 것은, 소위 그리스도인이라고 추정되는 우리들 모두에게 달린 일임을 절대 잊지 말자. 온 인류가 절실히 필요로 하고 있는 것은 바로 진리를 밝히는 이 빛이다.

"너희가 서로 사랑하면 세상 사람들이 그것을 보고 너희가 내 제자라는 것을 알게 될 것이다"(요한복음 13장).

만남을 향하여 3

1950년 초에…

우리는 모두 삶이라는 아름다운 채석장에서 일하는 인부들과 같다.

엠마우스에서의 일상…

유일한 신성모독은 사랑에 대한 모독뿐이다.

1986년 피에르 신부와 콜뤼슈

연기를 통해 사회의 불평등을 고발하고, '마음의 식당'을 열어 어려운 사람들을 도운 콜뤼슈, 젊은이들이 그의 죽음에 눈물을 흘린 것은 그가 우리 사회의 위선의 가면을 벗긴 데 대한 감사의 뜻에서였다. 그는 진정한 의미의 '타인과 공감하는 자'였던 것이다.

1994년 유네스코에서 만난 피에르 신부와 돔 헬더 카마라

사랑과 해방이라는 이 두 개념은 분리될 수 없는 것이다. 억압하는 자를 증오해서도 안되며 복수를 갈망해서도 안된다. 이것은 카마라와 마틴 루터 킹의 메시지이며, 또한 간디나 달라이라마 같은 비그리스도인들의 메시지이기도 하다.

폭력은 폭력을 낳을 뿐

1996년 여름에는 브라질에 있는 돔 헬더 카마라(Dom Helder Camara) 형제의 사제직 근무 60주년을 기념하는 계기로 그의 곁에서 며칠을 보내는 기쁨을 누릴 수 있었다. '빨갱이 주교'라는 비난을 받으며 일부 부유한 브라질 성직자들로부터 미움을 사고 있던 헬더 카마라는, 교회가 약자들을 억압하는 부자 지주들과 한통속이 되어 호사를 누리고 있음에도 굳게 복음을 믿는 자들과 가난한 자들의 희망이었다.

레시프의 주교로 임명되자 헬더 카마라는 호화스런 주교관을 떠나 그 도시의 빈민굴 한가운데에 있는 검소한 집에 들어가 살았다. 복음에 충실한 이 행동은 너무도 격렬한 반발을 불러일으켰다. 돔 헬더는 수십 년 동안이나 끊임없이 죽음의 위협을 받으며 살았다.

어느 날 그는 자신의 작은 방의 덧창을 열다가 그와 함께 일하는 젊은 사제들 가운데 한 사람이 고문당하고 눈이 뽑힌 채 목매달려 있는 걸 발견한다. 시체의 목에는 '곧 네 차례가 될 것이다'라고 씌어진 플래카드가 걸려 있었다. 사람들이 돔 헬더를 비난하는 점은 무엇보다 그의 투쟁이 갖는 정치적 측면이다. 그가 복음을 전파하고 가난한 사람들이 보다 나은 조건에서 살 수 있도록 돕는 데 평생을 바쳤다면, 그런 그의 행위가 정치적 반향을 불러일으킬 것은 분명하기 때문이다. 하지만 그리스도교 신앙이 현실생활에의 참여를 연루하고 있다는 사실을 잊지 말 것이며, 인간들간의 정당한 분배를 주장함으로써 우리가 불의에 맞설 수 있다는 사실을 잊지 말자.

1996년 여름의 기념행사 때에는 그의 뒤를 이어 레시프 주교가 된 후임자가 불참했다. 나는 전(前) 주교를 환호하러 온 셀 수 없이 많은 가난한 군중들을 보고서야 그 이유를 깨달았다. 돔 헬더가 75세의 나이로 은퇴할 때까지 행했던 그 모든 시도들을 이제 파괴하게 될 자가 어찌 그곳에 있을 수 있겠는가? 그럼에도 그곳에는 다섯 명의 주교가 참석했는데, 그들은 카마라의 진정한 제자들로 카마라와 마찬가지로 허리끈만을 두른 수단에 주교관도 쓰지 않고, 황금 십자가가 아닌 소박한 나무 십자가를 건 모습이었다.

마침의식 때 나는 한 네덜란드 선교사 옆에 앉아 있었다. 그가 내게 말했다. "새로 부임한 주교께서는 관할 교구의 모든 사제들을 한 명 한 명 불러들여 각자의 임무에 대해 얘기해보라고 하셨습니다. 제 차례가 되어서 저는 이렇게 설명드렸지요. '저는 브라질에 있은 지가 25년째 됩니다. 돔 헬더 주교께서 제게 시골의 복음전도를 맡기셨기에 저는 엄청난 빈곤을 가까이서 보아왔습니다. 물이 없어서 죽는 사람들도 종종 있으며, 가족을 돕기 위해 멀리까지 일하러 가는 사람들도 많습니다. 너무도 가난한 이 사람들 가운데서 저는 복음을 알리고, 성사도 보고, 교리문답 강의도 하고, 동시에 글도 가르칩니다.' 그러자 새주교께서는 '그건 복음전파가 아니라 정치입니다! 글을 가르치는 건 정치란 말입니다!'라고 말씀하시며 주먹으로 탁자를 내리쳤습니다."

이 주교의 말은 분명히 맞는 얘기다. 글을 가르치는 건 사람들에게 교양을 길러주고, 그들의 권리를 알게 해주며, 의식을 깨우쳐 권력에 덜 조종당하게 해주기 때문이다. 하지만 대중들이 교양을 넓힐 수 있도록 도와주지 않는다면 그들에게 복음을 가르친다는 게 다 무슨 소용인가? 그들이 스스로 읽고 자기 것으로 만들 수 없다면 그들에게 말씀을 전한다는 게 무슨 소용이란 말인가? 이 주교가 두려워한 것은 다름아닌 불의를 고발하고, 함께 나누고 연대하라고 인간들에게 호소하는 복음서의 수많은 글들을 그 가난한 자들이 발견하게 되는 것이다. 그런데 복음서는 직접적인 정치적 메시지는 아니지만 필연적으로 정치 영역에 깊은 반향을 불러일으키며 결과적으로 영향을 미친다. 그렇기 때문에 우리는 부유한 통치자들이 성직자들을 매수함으로써 그들과 손을 잡고 복음서의 일부가 절대로 알려지지 않도록 해온 것을 역사를 통해 항시 보아왔으며, 불행하게도 오늘날에조차도 보고 있다.

브라질의 경우와 다른 상황에서, 그보다 몇 년 전에 나는 레제(Léger) 추기경의 초청을 받아 캐나다로 간 적이 있다. 그는 자신의 교구에 속해 있는 사회복지요원들과 그리스도인 경영자들이 개최한 연회에서 소외자 문제에 대해 얘기해줄 것을 내게 청해왔다. 그때 나는 일부 캐나다 성직자들의 호화로운 생활과 고위 성직자들이 리무진을 타고 오는 걸 보고서 놀랐었다. 나는 일어나서 자신의 양심을 속이러 온 모든 이들에게 이렇게 말했다. "인류와 교회가 겪고 있는 불행의 일부는, 부유한 신자들이 성직자들에게 자신들과 비슷한 생활조건을 보장해줌으로써 복음서의 어떤 글들이 절대로 자신들에게 설교되는 일이 없도록 하려는 술수에서 비롯된다고 생각지 않습니까?" 무거운 침묵이 흘렀다. 그러더니 청년 가톨릭 노동자 연맹의 젊은이들 그룹에서 박수가 터져나왔고, 박수소리는 곧 전체 참석자들에게까지 퍼져나갔다.

1년 후에 그 추기경이 내게 말했다. "신부님이 저희 교구에서 하신 발언의 여파가 성직자로서의 제 삶에서 가장 잔인한 시험이 되었더랬습니다. 그렇지만 신부님께서는 계속해서 그렇게 복음을 전파하셔야 합니다."

30년 뒤에 나는 다시금 레제 추기경의 후임자로부터 30여 명의 경영주들로 이루어진 그리스도인 '결정권자'들의 모임에 참석해달라는 초청을 받았다. 미사 후에 그들은 나를 놀랄 만큼 호화로운 식당으로 인도하더니 내게 식사를 축복해달라고 청했다. 나는 버럭 소리를 질렀다. "이 가증스런 행위를 깨달으시오. 여러분들은 방금 성찬을 거행하고 영성체를 하지 않았소. 성목요일은 예수께서 만찬을 끝내신 뒤 겟세마니 언덕에 올라 임종의 순간에 들어선 날이오. 한데 여러분들은 제복 입은 하인들이며 금빛 샹들리에다 3일치나 되는 음식을 차려놓은 이 사치스런 연회에 우리를 초대했단 말이오? 더구나 노동조합원(그들도 '결정권자'였다)은 한 사람도 초대하지 않고서 말이오. 여러분들의 이 모임은 미사 봉헌 후에 국 한 그릇에 정어리 두 마리나 함께 나눈다면 그제야 의미가 있을 거요." 이번에는 박수갈채가 나오지 않았다.

그리스도의 메시지에는 필연적으로 정치적·사회적 영향이 연루되어 있다. 하지만 그리스도교의 궁극적 목표가 무엇보다 영적인 것임은 잊은 채 그러한 영역만을 강조하는 건 위험한 일이다. 그와 같은 망각행위는 라틴 아메리카에서 '해방신학'이라고 불리던 것으로 빠져들게 했다. 이 신학은 복음을 마르크스주의의 부속물로 만들기도 했다. 그 신학이 추구하는 유일한 목표는 정치적 해방이었으며, 거기에 도달하기 위해서라면 그 어떤 수단도(폭력적인 것일지라도) 좋다고 간주되었다.

개인적으로 돔 헬더 카마라를 본받고자 했던 나는 그리스도의 메시지를 그같이 해석하고 이용하는 것에 한번도 동의해본 적이 없다. 그리스도인에게는 어떤 수단도 용인하는 정치적·경제적 해방이 어떠한 경우에도 목적 자체가 될 수 없다. 진정한 해방신학이란 사랑 안에서 불의로부터 해방하는 것이다. 사랑과 해방이라는 이 두 개념은 분리될 수 없는 것이다. 억압하는 자를 증오해서도 안되며 복수를 갈망해서도 안된다. 이것은 카마라와 마틴 루터 킹의 메시지이며, 또한 간디나 달라이라마 같은 비그리스도인들의 메시지이기도 하다. 폭력은 폭력을 낳을 뿐이다. 독재권력에서 해방되자마자 새로운 통치자들이 불의를 재현하곤 하지 않는가. 가까운 예로 마르크스주의의 실패가 하나의 가혹한 본보기이다.

물론 그것은 억압받은 자들로서는 지키기 힘든 얘기이다. 20년 전만 해도 브라질에서는 '인디언 사냥'이 횡행했다는 사실이 생각난다. 사냥개를 이용한 보통 사냥과 똑같은데, 다만 사냥감이 사람일 뿐이었다. 그렇게 능멸당하고 학살당한 자들의 분노를 어찌 이해하지 못하겠는가? 그와 같은 상황에서 사제는 독재자들의 편에 선 하수인이 되어서는 안된다. 하지만 그렇다고 잔혹한 보복자로 변해서도 안된다. 그는 억압받은 자들이 인간으로서의 존엄성을 의식할 수 있게끔, 될 수 있는 한 폭력을 피하면서 정의가 회복될 수 있게끔 싸워나가도록 도와야 한다. 그는 또한 억압하는 자들에게 그들이 저지르는 불의에 대해 깨우쳐주어야 하며, 그들의 양심을 일깨우도록 온 힘을 기울여야 한다. 이것이야말로 중요한 일이다.

영화 〈겨울 54〉를 소개하기 위해 브라질로 갔을 때 나는 수백

만의 시청자들이 보는 TV 방송에서 얘기할 기회가 생겼다. 그날은 방학 전날이었다. 나는 특별히 부유한 가정의 젊은이들을 향해 이렇게 말했다. "여러분들은 곧 유럽의 큰 호텔과 사유지의 해변에서 방학을 보내게 되겠지요. 여러분은 한번이라도 이런 질문을 해보신 적이 있습니까? '우리 재산은 어디서 난 걸까?' '어떻게 생겨난 거지?' '그 출처가 어디일까?'라고 말입니다. 그런데 그 재산은 대개 끔찍한 학살에서 얻어진 것입니다. 지난날 인디언들을 누구보다 많이 학살한 사람들에게는 왕이 영지를 하사하곤 했습니다. 그리고 오늘날에는 또 어떤 불의의 대가로 여러분들의 부모들이 여러분들의 호화로운 생활을 지켜주고 있습니까?"

바티칸으로부터 금지당한 마르크스주의 유형의 해방신학 이외에 다행히도 정의와 사랑이 결코 분리되지 않은 참된 그리스도교 맥락 안에 머물러 있는 다른 해방신학들도 있다.

하지만 내 생각엔 좀더 멀리 나아가야 한다고 생각한다. 그리스도께서 가져온 참된 해방은 그보다 훨씬 심오한 것이다. 그것은 인류공동체와 연관된 것일 뿐 아니라 개개인과 직접 관계된 것이다. 그것은 우리가 '죄'라고 부르는 것으로부터의 해방이다. 오늘날 죄라는 이 단어는 교화적이고 죄의식을 느끼게 하는 설교로 인해 무거운 의미를 담고 있으며, 그것이 그 단어를 거의 사용할 수 없게 만들고 있다. 그렇지만 죄는 우리가 잘 이해해야 할 중대한 사안이다. 성경은 창세기의 신화적 이야기(자칫하면 우스꽝스러워질 수 있기 때문에 문자 그대로 이해해서는 안되는 이야기이다)를 통해 진정 죄라는 것이 무엇인지를 보여준다. 창세기의 이야기는 철학적·심리적 차원에서 참으로 깊이 있는 이야기로, 원죄란 하느님과 인간 사이에 존재하는 차이를 없애고자 한 데 있다는 사실을('선악과의 열매를 먹어서는 안된다'라는 하느님의 유일한 명령을 거역함으로써) 우리에게 보여준다.

죄란 더이상 하느님에게 의존하기를 원치 않고, 하느님의 도움 없이 오로지 우리의 힘으로 우리의 운명이 실현된다고 주장하는 것이다. 선과 악을 혼자서 구분할 수 있으며 혼자 힘으로 구원에 이를 수 있다고 주장하는 것이며, 하느님께 아무것도 신세지고 싶어하지 않는 것이다.

진짜 죄는 우리가 어리석게도 되풀이해서 말하는 것처럼 육욕의 결과가 아니라 자만심인 것이다. "나는 앞으로 하느님에게 의존하지 않겠다. 홀로 자족하리라. 그 어떤 구원자의 도움도 내게 필요치 않으며, 누군가에게 설명할 필요도 없이 내게 좋다고 여겨지는 것을 하는 데 나의 자유를 사용하고 싶다."

바로 이 순간 카인이 아벨을 죽이며, 가장 강한 자가 가장 약한 자를 짓밟는다. 한마디로, 인류의 전 역사가 범죄와 폭력과 불의의 무리와 더불어 우리 눈앞에 펼쳐지기 시작하는 것이다. 어째서 그런가? 우리가 자유로이 하느님으로부터 스스로를 단절시킴으로써 자유의 의미를 잃었기 때문이다. 우리는 자유가 사랑에 봉사할 때만 그 의미를 가진다는 사실을 잊은 것이다.

그리스도가 가져다준 구원과 해방은 우리의 자유가 갖는 특성과 그 진정한 목표를 밝혀줌으로써 우리의 자유를 구원하는 것이다. 또한 타인의 자유에 대한 두려움으로부터 우리를 해방시켜주기도 한다. 왜냐하면 우리는 공격받고, 억압받고, 죽임을 당할까 봐 항상 두려움 속에 살고 있기 때문이다. 그리스도의 구원은 두려움을 없애고, 두려움을 사랑으로 대체함으로써 자유를 구원하는 것이다. 그런 이유에서 진정한 해방은 내면적인 것이다.

돔 헬더 카마라는 그러한 사실을 완벽하게 이해했기에 이런 글을 썼다. '우리를 구속하는 외부의 힘으로부터의 해방을 말할 때 그 무엇보다 내면적 해방이 우선이라는 사실을 언제나 머릿속에 떠올리자. 자기자신의 노예인 자가 어떻게 다른 이들을 해방시킬 수 있겠는가? 모든 이를 위해 승리를 가져올 수 있는 유일한 자는 자기자신을 이기는 자이다. 스스로를 자유롭게 만드는 자만이 남을 해방시킬 수 있다. 개인적이면서도 공동체적인 올바른 규율에 따를 수 있을 정도로 자발적으로 스스로를 통제할 수 있는 자만이 자유로운 것이다.'

수세기 동안 계속되어온 실패를 설명해주는 것은 그 무엇보다 우리들 각자의 마음속에서 일어나는 단절감이 아닐까? 불의와 정치적·경제적·사회적 억압 앞에서 우리는 진정으로 분노하지만, 내면의 해방을 위한 일상적인 고달픈 투쟁은 소홀히 한다. 역으로 우리는 때때로 내적 수양에 열중하기도 하지만, 무의식적으로 우리의 '덕'을 쌓는 데만 급급한 채 우리의 형제들을 짓누르는 불의 앞에서는 사랑의 분노를 느끼지 못하는 장님으로 남곤 한다.

따라서 자유는 외부의 적이 퍼붓는 공격에 의해서라기보다는 그것의 진정한 목표인 사랑을 부인하기 때문에 죽어가는 것이다. 부가 넘쳐나지만 대다수의 사람들에게는 최저생활비조차 보장되지 않는 이 땅에서 진정한 자유의 투사란 사랑의 변절로부터 자유를 탈취해냄으로써 그것의 명예를 회복시켜주는 자들이다. 오늘날 서양인들에게 자유의 의미를 되찾는 것보다 더 시급한 일은 없다.

다음의 작은 일화가 그 어떤 연설보다도 이 일탈, 이 미망(迷妄)을 더 잘 표현해준다. 인도에서 휴가를 보내는 한 사업가에 관한 이야기이다. 모래사장에서 그는 물고기 한 마리를 들고 돌아오는 한 어부를 본다. 어부가 잡은 것에 감탄하며 그가 말한다.

"좋으시겠습니다! 또 잡으러 갈 거지요? 그때 나도 함께 가겠습니다. 어떻게 고기를 잡는지 내게 설명해주셔야 합니다."

"또 잡으러 가다니, 뭐 하게요?" 하고 어부가 묻는다.

"물고기를 더 많이 갖게 되지 않습니까" 하고 사업가가 대답한다.

"그러면 뭐 하게요?"

"그걸 팔면 돈이 생기지 않습니까."

"그러면 뭐 하게요?"

"작은 배라도 한 척 살 수 있을 테니까요."

"그러면 뭐 하게요?"

"그 작은 배로 더 많은 물고기를 잡을 수 있지 않습니까."

"그러면 뭐 하게요?"

"일꾼들을 쓸 수 있을 테니까요."

"그러면 뭐 하게요?"

"그 사람들이 당신을 위해 일할 겁니다."

"그러면 뭐 하게요?"

"당신은 부자가 될 겁니다."

"그러면 뭐 하게요?"

"그러면 쉴 수 있을 겁니다."

그러자 어부가 그에게 말했다. "쉬는 건 지금 당장이라도 할 수 있는걸요!"

서양은 자유를 우상처럼 숭배하는 개념에 사로잡혀 더이상 그 자유를 어떻게 해야 할지 모르는 광적인 상태에 빠져 있다. 사랑하기 위해서가 아니라 자유롭기 위해 자유롭겠다는 것, 그것이야말로 단절과 궁지와 공허 그 자체이다. 그리스도께서 이 땅에 오신 것은 우리에게 내면적 해방의 가능성을 가져다줌으로써 이와 같이 갈피를 잡지 못하는 자유를 구원하기 위해서이다.

나는 점점 더 많은 서양의 젊은이들이 이 희망의 메시지를 포착했다고 믿는다. 그들의 탐구가 각양각색의 형태를 띠며, 외관상 그리스도교 신앙 속에 그 뿌리를 두고 있지 않다 할지라도 말이다. 실제로 그들은 자유가 사랑하기 위한 것임을 이해하고 있으며, 이중의 해방, 즉 내면적·외면적 해방을 겨냥하는 영적·사회적 실천을 행하고 있다. 그러한 해방 없이는 이 세상은 더 한층 증오와 무관심과 무의미 속에 빠져들게 될 것이다.

인류형제들

 예수께서는 이웃에 대한 사랑 이외의 그 무엇도 가르치지 않았다. 그리스도의 메시지를 실천에 옮기고자 애쓰다 보니 나는 일평생 사랑하려고 노력하게 되었다. 나는 애초에 생각했던 것처럼 수도원의 공동체 안에서 이 길을 걸을 수도 있었을 것이다. 하지만 하느님께서는 아마도 다른 결정을 내리셨던 것 같다. 왜냐하면 나는 병을 얻어 수도원을 떠나게 되었으며, 산에서 병원 부속사제로 지내다가 성당 보좌신부가 되었고, 갈 곳 없는 사람들과 온갖 범주의 소외된 사람들의 궁핍한 생활 속으로 완전히 빠져들게 되었으니 말이다.

 고통받는 사람들 가운데서 보낸 이 오랜 생활은 내게 형제애가 얼마나 그리스도교적 삶의 한가운데 있는지를 깨닫게 해주었을 뿐만 아니라, 빈곤과 불평등에 맞서 연대하고 투쟁하는 것이 모든 사람에게 있어 중대한 선택이라는 사실 또한 깨닫게 해주었다. 자신의 삶을 뿌리 깊이 개입시킬 것이며, 삶에 의미를 부여할 것이며, 하느님 나라의 도래에 온전히 참여하게 만들어줄 그런 중대한 선택이라는 사실을.

사실 우리는 모두가 같은 목표, 즉 행복을 추구한다. 진짜 문제는 어떤 방법을 선택하느냐이다. 모든 인간은 그가 어떤 시대, 어떤 조건, 어떤 문화 속에서 생활하건 두 가지 길 가운데 선택하게 마련이다. 타인들 없이 행복할 것인가 아니면 타인들과 더불어 행복할 것인가. 혼자 만족할 것인가 아니면 타인과 공감할 것인가. 매일 아침 새롭게 다짐해야 할 이 선택은 그 무엇보다 근본적인 것이다. 그 선택이 우리의 삶의 실체를 결정짓고 우리를 만든다.

혼자 만족하기로 선택한다는 것은 타인들의 욕구와 고통과 청을 고려하지 않은 채 현실에서 홀로 서서 자신을 실현할 수 있다고 가정하는 것을 의미한다. 그것은 무엇이든 할 태세가 되어 있다는 의미이다. 자신의 목표에 이르기 위해서 타인들을 짓밟고, 착취하고, 약탈하고, 부인할 태세가 되어 있다는 것이다. 대부분의 경우 법과 벌에 대한 두려움이 그러한 행동을 막을 테지만 마음속에서는 그 선택이 행해질 것이다. 또 다른 길은 공감하는 자의 길로서, 타인들의 고통과 욕구에 귀를 기울임으로써 타인들과 더불어 또한 그들을 통해 자신을 실현하는 길이다. 그것은 신자이건 비신자이건 상관없이, 타인들의 고통과 기쁨을 함께 나눔으로써 행복해지기를 선택하는 것이다.

엠마우스가 생겨난 초기에, 우리 공동체 가운데 하나를 지켜보던 어느 나이드신 벨기에 사제가 아침 7시경에 나를 불렀다. "신부님, 이 얘기를 꼭 들려드려야겠습니다. 어젯밤에 누군가 공동체의 문을 두드리길래 한 형제가 가서 문을 열었습니다. 이 도시의 경찰서장이더군요. 경찰서장은 얼마 전에 술이 취해 며칠을 구치소에서 보낸 적이 있는 그 형제를 알아보지 못하고서 이렇게 말했습니다. '선생님, 가출한 한 아주머니가 경찰서를 찾아왔더군요. 정신이상자인 남편이 그녀를 죽일지도 모릅니다. 아주머니에게는 아이가 넷이나 있습니다. 그분이 묵을 만한 데를 찾아보았지만 헛수고만 했습니다. 그래서 이곳을 생각한 것입니다.' 그 형제는 망설이지 않고 경찰서장에게 대답했습니다. '서장님, 그 아주머니와 아이들을 데려오십시오.' 그리고는 공동침실에서 잠자고 있는 동료들을 깨워서 그들에게 이 이야기를 했습니다. 그 동료들은 일어나서 깨끗한 시트로 침대를 정리하더니 아이들과 아이들의 어머니에게 자리를 내어주었습니다. 그리고 나서 그들은 추위를 이기려고 낡은 신문지 더미 속으로 들어가더니 다시 잠을 청하더군요. 그러더니 아침에는 복도에 선 채로 커피를 마시면서 '입 닥쳐, 소리내지 말라구, 애들이 자고 있잖아!' 라고 말하고 있더군요." 그 나이든 사제는 감동해서 내게 이렇게 말했다. "신부님, 이런 일을 할 수도원이 어디 있겠습니까?"

이러한 선택들은 무엇보다 개인적인 것이지만 또한 사회의 선택이기도 하다. 우리는 우선적으로 약자들과 고통받는 자들을 위해 봉사하는 연대적인 사회를 원하는가? 아니면 반대로 강자들이 약자들을 짓밟도록 내버려두는, 혹은 약자들을 길가에 내버려두는 개인주의적인 사회를 원하는가? 전자의 경우라면 우리는 불평등을 줄이기 위해 전력투구할 것이며, 지속적인 사회적 평화가 보장될 것이다. 후자의 경우라면 격차와 부당한 상황들이 점점 늘어가도록 내버려둘 것이며, 항구적인 사회적 분노에 직면하게 될 것이다. 이 후자는 불행히도 가장 풍요로운 사회들이 선택한 것으로 보여지는 길이 아닌가?

참으로 역설적이지만 인류의 빈곤, 실업, 부패, 그리고 인종차별주의로 우리를 위협하는 악에 맞서 가차없는 전쟁을 이끌어나가는 것이야말로 굳건한 평화를 보장하는 유일한 방법임을 쉼없이 부르짖어야 한다. 그 누구도 그것과 무관할 수 없다. 그렇잖은 자는 공범자이다. 굶주린 아이들을 볼 때, 잠잘 곳 없는 가족들을 볼 때, 많은 젊은이들이 적당한 일자리를 찾을 희망이 없는 것을 볼 때 우리는 모두 분개해야만 한다. 이 같은 분노와 그 분노가 불러일으키는 자발적 행동들이 없다면 사회적 평화를 위한 어떤 희망이 남아 있겠는가? 오늘날 대부분의 폭력행위의 위협들이나 무력충돌들이 세계 곳곳에 널린 빈곤과 불의의 직접적 산물인 만큼, 세계평화를 위해서도 그렇게 해야만 한다. 회교도들의 테러리즘은 알제나 파리나 카이로의 부유한 지역에서가 아니라 빈곤과 그 빈곤을 동반하는 절망이 증식되는 대도시의 혜택받지 못한 외곽지역에서 그 추종자들을 끌어들인다.

오늘날 전 인류는 실업과 인종차별주의와 신종가난에 맞서 가차없는 전쟁을 이끌어나가기 위해 행동해야만 할 것이다. 정치인들은 이런 말을 할 용기를 가져야만 할 것이다. "전쟁입니다. 우리 모두가 가담하여 이 전쟁에 따르는 희생을 받아들입시다." 그리고 시민들은 이런 정치가들에게 표를 던질 용기를 가져야 할 것이다. 다른 인류공동체에게 선포되거나, 침략자로 인해 우리에게 강요된 추악한 전쟁이 있는 반면, 불의와 인종차별주의, 빈곤

등, 시시각각 우리를 위협하는 파멸의 위험으로부터 사회를 구하기 위해 선포하는 아름다운 전쟁도 있다. 이 아름다운 전쟁은 오늘날 미래 없는 젊은이들을 쉬이 불러모을 수 있을 것이다.

  민법은 결코 전쟁에 적합하지 않다. 상황이 예외적일 경우엔 법 중의 법에 도움을 청할 줄 알아야 한다. 이 '법 중의 법'이란 인간의 생명을 구하길 요구하며, 모든 인간의 존엄성을 존중하길 요구하는 법이다. 제2차 세계대전 중에 나는 국가가 나치들에게 넘겨주던 유대인들의 목숨을 구하기 위해 레지스탕스에 가담함으로써 비시 정부의 부당한 법을 위반하게 되었다. '너는 사랑하라'고 말하는 '법 중의 법'의 이름으로 나는 단 1초도 망설이지 않고 한 민족을 말살하려는 독일인들의 끔찍한 의도에 협력하기를 요구하던 인간법에 불복종했다.
  엠마우스 공동체들과 함께 40년 이상을 이끌어온 '주택을 위한 전쟁'에서 우리는 이 '법 중의 법'의 이름으로 여러 차례 민법을 어기게 되었다. 여러 차례나 나는 행정당국에 거짓말을 하거나, 극도로 궁핍한 상황에 처한 가족들에게 잠자리를 제공할 수 있도록 법을 위반해서 미리 일을 저질러놓아야만 했다.
  첫번째 주택단지인 샹-플뢰리가 생각난다. 그곳에는 버려진

밭이 하나 있었는데, 그곳 시장의 소유였다. 그 시장은 너무 고맙게도 그 밭을 우리에게 외상으로 팔았고, 거기다 우리는 길거리에 나앉은 열아홉 가족들을 위한 주택을 아주 짧은 시간에 세웠다. 우리는 그 가족들이 제대로 적법하게 살아가자면 반드시 필요한 수도와 전기 설비, 하수도 직결식 수세장치를 갖추지 않았다는 지적을 받았다. 이 문제가 행정당국에 올려져, 주택 장관이며 레지스탕스 동료였던 클로디우스 프티(Claudius-Petit)가 어찌 그런 식으로 하느냐고 내게 전화로 소리치던 것이 지금도 생생하다. 나는 대답했다. "하지만 여보게, 자네가 이 가족들에게 적법하게 주거지를 제공할 수 없는 바에야, 저들이 처한 견딜 수 없는 상황에서 저들을 빠져나오게 해줄 유일한 방법은 불법으로 이미 저질러놓은 상황에다 자네를 몰아넣는 수밖에 없지 않은가! 그러니 저들이 합법적인 처지가 되도록 자네 부서들과 힘을 합쳐 일을 해결해 보게나!" 오늘날, '권리 우선'과 같은 연대들은 이 같은 방법들을 본받아 이용하고 있다.

몇 년 전에 나는 20세기 초에 살았던, 일종의 현대판 로빈훗에 대한 놀라운 이야기를 알게 되었다. 그는 위조지폐를 만들어 대부분을 가난한 자들에게 나눠주었다. 그는 두 번이나 체포되었다가 탈출에 성공했다. 세번째 잡혔을 때 그는 교수형을 당했다. 그리고는 시온에서 멀지 않은 어느 작은 마을의 묘지에 묻혔다. 종교의식도 없었으며 그의 무덤에는 십자가도 허용되지 않았다. 그런데 곧 당국에서도 전혀 상상하지 못했을 일이 벌어졌다. 그의 무덤이 순례지가 된 것이다. 이 무법자에게 경의를 표하기 위해 아주 먼 곳에서 사람들이 찾아오기도 했다. 그의 무덤에는 꽃이 끊이질 않았으며, 네 그루의 포도나무를 심어 그 관리를 정기적으로 유명인사들에게 맡겼다. 당시 그 관리 책임을 맡고 있던 사람은 배우 장-루이 바로(Jean-Louis Barrault)였다.

내가 이 장소에 갔을 때 그곳 주민들은 기어이 내게 그 일을 맡기고 싶어했다. 나는 포도나무의 가지를 치고 무덤을 축성했으며 나무로 된 예쁜 십자가를 세워주었다! 사람들은 그 작은 영지를 잘 관리하기 위해 무척이나 신경을 쓰고 있었으며, 이해관계를 떠난 아름다운 행동을 갈망하는 많은 젊은이들이 그곳으로 몰려들었다.

나는 6년이 약간 넘는 기간 동안 국회의원으로 지내면서 아주 단순한 사실 한 가지를 터득했다. 정치인들의 할 일은 근본적으로 누구에게서 돈을 얻어내어 재분배할 것인가를 결정하는 데 있다는 사실이다. 사회가 명백한 불평등을 줄이고, 빈곤과 실업과 집 없는 사람들의 비극에 맞서 온 힘을 다해 투쟁하는 일에 우선권을 두지 않는다면, 내가 '법 침해'라 부르는 행동들이 생겨나고 대개의 경우 법이 그걸 인정할 수밖에 없는 건 너무도 당연하다.

지난 겨울 우리는 노숙자들이 보호시설로 들어가는 걸 거부하고 목숨을 잃을 위험을 무릅쓰고도 혹한의 노숙을 선호하는 이유에 대해 자문해보았다. 설명은 의외로 간단했다. 연중 내내 완전히 소외되어 지내면서 믿을 데라곤 자신들밖에 없다는 사실을 깨달은 사람들이 갑작스런 연대감에서 베풀어지는 호의에 선뜻 호응하기를 어떻게 바랄 수 있겠는가? 그것은 불가능한 일이다. 우리가 그들을 도울 수 있는 것은 1년 중 보름 동안 그들을 생각함으로써가 아니라, 연중 내내 그들이 사회 속에서 자신들의 자리를 찾을 수 있도록 행동함으로써이다.

우리는 현대 생활의 까다로운 요구들에 적응하기에는 너무도 나약한 수많은 남녀들이 길가에 쓰러지는 걸 그냥 보고만 있다. 그러다 어느 날 문득, 목숨이 위험에 처했을 때조차도 내미는 손을 붙잡지 못할 정도로 이 사회의 이방인들이 되어 있는 그들을 보고 놀란다. 이미 말했듯이, 우선적으로 가장 강한 자들을 위할 것인지 아니면 가장 약한 자들을 위해 봉사할 것인지는 우리가 내려야 할 진정한 사회적 선택이다. 이 선택이야말로 한 가정이,

한 종족이, 한 나라가 또는 한 문화가 위대한지 또는 저급한지를 결정짓는 것이다.

오늘날 프랑스 국민은 깊은 주의를 기울여야 할 또 하나의 위협에 직면해 있다. 인종차별주의와 외국인 혐오 성향이 그것이다. 나의 삶과 나의 신앙은 물론이요, 기질로도 나는 이런 유형의 태도를 기피한다. 무엇보다 우리는 모두가 잡종 혈통임을 기억하자. 극우주의자들이 말하는 '순수한' 프랑스 혈통이란 전적으로 신화에 불과하다. 프랑스는 그 지리적 위치로 인해 동쪽에서 서쪽으로 이행된 그 모든 역사적 이주의 마지막 해변인 셈이다. 또한 온화한 기후로 인해 북쪽과 남쪽의 수많은 민족들을 유인하기도 했다. 그렇기에 프랑스는 유럽의 그 어떤 나라보다도 바이킹족이나 아랍족, 훈족, 프랑크족, 서고트족 등의 여러 민족이 뒤섞인 나라이다. 나는 프랑스 시민으로서 전 인류가 응축된 나라 사람이라는 사실을 특별히 자랑스럽게 생각한다!

르펜(Le Pen, 프랑스 극우파 정치인―옮긴이 주) 같은 사람이 '프랑스를 프랑스인들에게'라고 외치는 걸 들을 때면 나는 그에게 이렇게 소리치지 않을 수 없다. "프랑스를 프랑스인들에게, 맞는 말이오. 내가 전쟁 동안 싸운 것도 바로 그 때문이오. 지금이 슬로건을 내걸고 있는 사람들 가운데 일부는 전쟁 때 그렇게 싸우지 않았소. 하지만 오늘날에는 '지구를 인류에게'라고 나는 말하겠소." 우리가 우리의 국경지대에서, 특히 동유럽과 아프리카에서 확산되고 있는 빈곤을 모른 체하면서 안전하게 산다는 건 생각도 할 수 없는 일이다. 우리는 그 민족들과 연대해야만 하며, 우리 예산에서 훨씬 많은 부분을 할애해 그들이 그 상황에서 벗어날 수 있도록 돕는 데 사용해야만 한다. 그러지 않는다면 불법 이민을 종식시킬 방법이 없을 것이다. 단지 먹고살 길을 찾아 우리나라로 오는 굶주린 자들을 내몰기 위해 국경수비대들을 기관총으로 무장시켜야 한단 말인가?

반드시 이민자들이 한 행위가 아닌, 불행에서 비롯된 범죄로 인해 살기 힘들어진 구역에 사는 일부 프랑스인들의 분노를 나는 이해한다. 그러나 못 가진 자들을 위해 프랑스 내에서는 물론이요 프랑스 국경 밖에서도 벌여야 할 국가적이고 세계적인 연대의 노력만이 그 문제에 대한 유일한 해결책이다. 불법을 저지른 처지에 놓여 있는 이민자들 전부를 국경으로 인도함으로써 그 문제가 해결되리라고 생각하는 건 환상이다. 세계화로 인해 오늘날 우리는 보다 광범위한 차원의 부의 재분배를 생각하는 문화권을 새롭게 선택하지 않을 수 없다.

세계는 아마도 곧 심각한 위기를 겪게 될 것이며, 가장 잘 살면서 인구가 가장 적은 나라들은 선택을 할 수밖에 없게 될 것이다. 안정된 질서와 기득권을 누리면서 움츠러들든가(이 방법은 결국엔 그 상태를 유지할 수 없어 독재를 낳고 말 것이다) 아니면 연대를 위하여 문을 열든가 선택을 할 수밖에 없는 것이다. 이 두번째 방법은 개개인의 노력을 요구한다. 즉 여러 가지 특권의 포기와 함께 부를 개발하는 방법을 여러 민족과 공유할 것을 전제한다.

오늘날 극우세력과 인종차별주의에 대한 관심이 증가하는 것을 보고 나는 우리가 이미 전쟁의 상황에 처해 있다는 느낌이 든다. 어떤 발언들과 어떤 행동들은 도무지 참아내기가 힘들다. 무슨 수를 써서라도 우리는 그것들을 물리쳐야 한다.

우리 개개인을 경찰의 조수로 삼으려 드는 법률이 공포되었을 때 그처럼 많은 시민들과 요직에 있는 많은 사람들이 그 법률에 따르기를 거부한 것이 어찌 놀랄 일이겠는가? 어찌 그들을 비난할 수 있겠는가? 프랑스가 전세계의 빈곤을 떠맡을 수는 없을 뿐더러 물론, 프랑스는 우선 이민과 관계된 문제들을 해결해야만 한다. 하지만 그 문제는 유럽이나 세계적 차원에서 다루어질 때만 해결될 수 있을 것이다. 프랑스 땅에 살고 있는 외국인들의 신상명세서를 작성하자는 발상이 첫 지구촌 세대인 젊은이들에게는 참을 수 없는 것임을 어찌 이해하지 못하겠는가?

나는 여기서 대부분의 사람들에게는 분노를 불러일으키지 않지만 개인적으로 내게는 큰 충격을 주는 한 가지 사실을 환기시키고 싶다. 〈라 마르세예즈〉(프랑스 국가―옮긴이 주)는 전세계적으로 알려져 있으며, 대개 그 활기찬 리듬 때문에 애호된다. 그런데 인종차별주의자들의 목소리가 커져가는 이 시대에 어찌 그 노래의 일부 가사에 여전히 무심할 수 있겠는가? 공화국의 세습 유산 속에 깊이 뿌리박고 있는 국가(國歌)에 대해 우리가 아무리 애착을 갖고 있다 할지라도 어찌 '불순한 피가 우리 밭고랑을 적시네'라는 이 가증스런 가사를 아직도 감내해야 한단 말인가? 아리안 족의 순수한 혈통이라는 명목을 내걸고 나치들이 저지른 끔찍한 짓을 겪고도 어찌 이 같은 가사가 우리네 아이들에게 전해지는 걸 받아들일 수 있단 말인가?

내가 알기로 어떤 나라의 국가도 이와 유사한 내용을 담고 있지 않다. 소련과 중국은 스탈린과 마오쩌뚱이 죽고 난 직후에 국가의 가사를 바꾸었다. 왜 프랑스는 그같이 하지 않는가?

물론 그러자면 국민투표를 거쳐야 할 것이다. 하지만 이런 국민투표는 따로 캠페인을 벌이거나 비용을 들이지 않고 다음 선거 때 투표용지에 곁들여 간단히 치를 수 있을 것이다. 예를 들자면 투표용지에다 다음과 같은 질문을 적어서 말이다. '〈라 마르세예즈〉의 가사를 바꾸자는 견해에 동의하십니까, 동의하지 않으십니까? 그리고 만약 동의한다면 새 가사를 선택하고 제시하는 일을 프랑스 학술원에 맡기길 원하십니까, 아니면 정치·윤리 학술원에 맡기길 원하십니까?'

프랑스 인권선언 2백주년 기념식 때 '박애의 마르세예즈를 위한' 협회가 결성되었고, 나는 그 회원이 되었다. 여러 은퇴한 장군들과 몇몇 걸출한 인사들도 가입했다. 그 뒤로 곧 걸프전이 발발했다. 프랑스도 그 전쟁에 참가했으므로 협회는 국가(國歌)와 관련된 캠페인을 연기하기로 만장일치로 결정했다. 따라서 이 협회는 현재 활동을 보류한 상태이다. 하지만 언제고 이 운동을 다시 벌일 준비가 되어 있다. 지금이 절호의 기회가 아니겠는가?

새벽의 만남

　나는 종종 이런 질문을 받는다. "신부님께서는 여러 방면에서 그다지도 고된 삶을 살아오시면서 어떻게 다 견뎌낼 수 있으셨습니까?" 실제로 가난한 자들을 위해 쏟은 그 모든 에너지며, 전세계적으로 벌였던 그 모든 활동들, 기진맥진하게 만드는 그 모든 투쟁들은 내가 수도원에서 지낸 몇 년 동안에 기도의 마음상태를 얻을 수 있었기에 가능했다. 그 시절 나는 하루에 몇 시간씩 그것도 한밤중에, 사랑이신 하느님의 지극히 숭고한 신비에 대한 명상에 잠기곤 했었다. 내가 즐겨 '견딜 만한 아찔한 상태'라 부르는 이 경배는 의식하지도 못하는 가운데 내게는 기본적인 호흡이 되었다. 행동을 하는 동안에도 모든 것이 이 기도 상태에서 말없이 마음으로 하느님과 소통하는 가운데 이루어졌다.

물론 '주님의 기도'나 '성모송'과 같은 기도문들을 음송할 수도 있다. 나 또한 그러했다(나는 성모에게 드리는 기도를 되풀이하지 않고서는 잠들지 못한다). 기도는 하나의 행동일 수 있다. 하지만 그보다 훨씬 내면적으로는 하나의 상태이다. 여전히 약한 죄인일지라도 사랑이신 하느님에 대한 살아 있는 신앙으로 고무되는 순간부터 우리는 자연스레 그 사랑 안에 감싸인 채 매순간을 살아가게 된다. 우리들의 행동 하나하나는 가장 평범하고 가장 일상적인 것조차도 하느님과의 내밀한 사랑 속에서 은밀하게 경험된다. 그것은 사랑에 빠진 이들이 너무도 잘 아는 상태이다. 우리가 무엇을 하건 사랑하는 이가 우리 안에 있는 그런 상태인 것이다. 기도란, 우리의 신앙이 생생히 살아 있는 순간부터 우리가 끊임없이 빠져들게 되는 이 각별한 상태에 다름아닌 것이다.

물론 이 상태를 우리가 항상 의식하고 있는 것은 아니다. 다만 때때로, 불현듯, 우리는 스스로의 마음속에 하느님에 대한 생각이 항시 깃들여 있다는 사실을 깨닫게 되는 것이다. 마치 한 가장이 바쁜 일과 중에 책상 위에 놓인 아내와 아이들의 사진을 보고서는 문득 자신의 마음이 그들과 함께 있음을 깨닫는 것과 같은 것이다.

나는 자주 이렇게 청하는 편지를 받곤 한다. '저를 위해 기도해 주세요.' 그런데 나는 '네, 당신을 위해 기도하겠습니다' 라고 대답할 수가 없다. 사실은 이렇게밖에 말할 수가 없다. '영원한 사랑이신 하느님 앞에 제가 매일같이 노력 봉헌을 바치는 가운데 마음속으로 당신을 기억하고 있음은 확신하셔도 좋습니다.' 나는 주께서 내가 가는 길에 놓아준 모든 이들을 마음속에 간직하고 있다. 어찌 마음으로부터 이 세상의 고통과 빈곤에서 벗어날 수 있겠는가? 어찌 인류형제들 사이에 평화와 이해가 있기를 바라는 모든 사람들의 의지를 마음속 깊이 품지 않을 수 있겠는가? 어찌 그 간청들과 기원들이 항시 마음에 깃들여 있지 않을 수 있겠는가? 그러므로 하느님께 '이걸 해달라, 저걸 해달라, 저것도 잊지 말아달라' 는 등의 말을 하느라 며칠을 보낼 필요는 없는 것이다.

'신앙심 없는 자들처럼 되풀이해서 말하지 말라. 하늘에 계신 아버지께서는 네가 필요로 하는 걸 너무도 잘 알고 계신다' 하고 예수께서는 말씀하신다. 그것은 '끊임없이 기도하라' '구하라 그러면 얻을 것이요, 두드려라 그러면 열릴 것이다' 라는 말씀과 모순되지 않는다. 나는 간청하는 기도 또한 자주 드린다.

최근 들어 나는 수호천사에게 드리는 기도도 새롭게 발견했다. 나는 성경에서 여러 차례나 언급하고 있는 천사들의 존재를 거의 까맣게 잊고 지내다가 몇 년 전부터 어려운 상황에 처했을 경우나 중요한 무언가를 잃었을 때 나의 수호천사와 다른 사람들의 수호천사에게 기도를 드리는 습관을 다시금 갖게 되었다. 그 기도는 실제로 꽤 자주 응답을 받는다!

또한 나는 하느님께서 종종 우리의 청을 예측하고 계신다는 사실을 깨닫기도 했다. 우리 가운데서 처음으로 죽음을 맞이하던 엠마우스의 늙은 동료 한 사람이 생각난다. 외인부대에서 몇 년을 보낸 그는 순진한 사람이 아니었다. 그런데 그런 그가 죽기 얼마 전에 내게 이렇게 말했다. "신부님, 제게는 아프리카에서 수녀로 있는 누이가 한 사람 있습니다. 제가 집을 떠난 뒤로는 누이를 보지 못했고, 다만 아직 살아 있다는 것만 알고 있습니다. 제 누이에게 제가 죽었다는 말을 전해주십시오." 그리고 나서 그는 이렇게 덧붙였다. "제 방에 성모상을 하나 모실 수 있다면 좋겠습니다." 나는 이 청에 깜짝 놀랐다. 왜냐하면 그는 정말이지 그런 유형의 청을 할 순진한 사람이 아니었기 때문이다. 그 순간 우체부가 벨을 눌렀다. 나는 문을 열러 내려갔다. 이미 우편물을 받아든 쿠타즈 양이 내게 말했다. "어, 소포가 하나 있네요." 그녀가 그걸 열어보니 루르드 성당의 작은 성모상 하나가 나왔다! 나는 계단을 네 개씩 건너뛰어 올라가 그 동료의 방에다 성모상을 놓아두었다.

사실 끊임없는 기도의 은밀한 상태 속에서는 우리 마음속 깊은 곳으로부터 솟아나오는 모든 간청들이 우리에게 깃들여 있으므로, 그 간청들을 큰 목소리로 소리내어 표현할 필요는 없다. 소리내어 하는 기도는 공동체의 관점에서 볼 때 보다 큰 의미를 지닌다. 수도원에 있을 당시 나는 시편 낭송하기를 좋아했으며, 특히 '주님의 기도'를 즐겨 음송했다. 물론 내가 '성모송'을 자주 음송하는 것처럼 어떤 간청의 기도나 감사기도를 소리내어 표현할 필요를 느낄 경우도 있다. 하지만 이러한 형태의 기도는 하느님과 자신의 관계를 비교적 많이 의식하고 있는 신자에게 특히 유용하다. 다행스럽게도 하느님께서는 우리가 당신께 품는 사랑을 그대로 다 알고 계시기 때문에 우리가 하느님께 하실 일을 알려드리기 위해 끊임없이 하느님의 주의를 일깨울 필요는 없는 것이다.

나는 소리내어 하는 기도들의 유용성보다는 오직 하느님께만 바치는 특혜의 시간의 필요성을 한층 더 믿는다. 우리가 묵도 또는 경배라고 부르는 것은 분주한 일상 가운데 약간의 시간을 내어 의식적으로 하느님 앞에 서려고 애쓰는 호흡의 시간이다. 그것은 마치 창문을 열고 신선한 공기를 듬뿍 들이마시는 것과 같다. 묵도는 우리를 본질적인 문제와 직면하게 하며, 우리의 관심사와 근심으로부터 한 발짝 거리를 두게 해준다. 그것은 우리가 예측하지 못한 일로 그득한 활동적인 삶을 살아나가는 것보다도 한층 더 유용한 재충전의 시간이다. 이러한 침묵의 순간들이 없다면 지나친 행동주의에 빠져서 뒤로 물러설 여유도 없이 우리 삶에 대한 객관적 시각을 잃게 될 위험에서 어찌 벗어날 수 있겠는가? 경배는 우리를 일상적으로 본질적인 문제에 다시금 몰두하게 한다. 그것은 믿음의 행위이며, 또한 믿음과 사랑과 희망을 살찌우는 행위인 것이다.

그것이 어떤 이들에게는 매일매일의 시간(10분, 30분)이 되고, 또 어떤 이들에게는 일주일에 한 번 갖는 시간(대개의 경우 유대교의 안식일과 그리스도교의 주일을 의미한다)이 되며, 또 다른 이들에게는 1년에 한 번씩 일주일간 수도원에서 보내는 피정(避靜)의 시간이 되기도 한다. 하지만 나는 적극적인 신자라면 누구나 이 은혜의 시간 없이 지낼 수는 없을 거라고 확신한다. 그것은 오직 창조주를 향한 경배의 시간으로, 하느님과 친밀한 침묵의 시간을 가짐으로써 힘을 얻게 되고, 영원한 사랑이신 하느님이 보시는 가운데 자신의 의식을 열어보이는 시간인 것이다. 예수께서는 손수 이러한 피정 묵상의 본보기를 우리에게 보이셨다. 사도의 사명을 시작하기 전에 예수께서는 사막에서 40일을 보내시면서 여러 차례나 홀로 산으로 들어가 기도하셨다.

이 몇 가지 이야기만으로도 명상하는 생활의 의미는 이미 어느 정도 밝혀진다. 한데 우리는 이렇게 말하는 소리를 종종 듣게 된다. "간호사와 의사와 도움의 손길이 절실히 필요합니다. 확실한 신앙을 가진 그리스도인들은 어째서 끊임없이 치유하고 개선해야 할 이 세상 가운데로 뛰어들지 않고 평생 동안 수도원에 틀어박혀 하루종일 기도나 하는 것입니까?"

일흔다섯번째 생일을 맞이하기 직전에, 수도사들과 경배와 침묵의 생활을 함께하기 위해 8년간 생-방드리 수도원에 은거했을 때의 일이 생각난다(때때로 나는 중요한 부름에 응하기 위해 이곳 저곳으로 떠나야만 했다). 어느 날 그곳 시장이 나를 찾아와 소외된 자들의 지칠 줄 모르는 변호사인 내가 왜 이 수도원에 와서 '시간을 허비하는지' 사람들이 도무지 이해하질 못한다고 말했다. 나는 활동적인 생활과 명상적인 생활이 전혀 모순되는 것이 아님을 설명하기 위해 그 마을에서 간행하는 회보에다 장문의 편지를 썼다. 나는 수도원과 같은 참으로 하느님의 에너지가 집중된 장소들이 없다면 사도들과 투사들과, 세상 한가운데서 투쟁하는 모든 이들의 행동이 지탱될 수 없으리라고 확신한다. 더구나 실제로 그들 가운데 많은 이들이 명상가들 틈에서 얼마간 머무를 필요성을 느끼고 있으며, 그곳에서 나올 때는 영적으로 훨씬 풍요로워져 있는 것이다.

이 점과 관련해서 지질학자 피에르 테르미에(Pierre Termier)가 사용했던 예를 나는 잊을 수가 없다. "여러분은 명상자들의 존재에 대해 의아해한다. 하지만 여러분은 빙하의 존재에 대해서는 한번도 의아해한 적이 없지 않은가? 그것들은 얼마나 많은 자리를 차지하고 있는가! 빙하 아래쪽에는 가치 높은 광석들이 있는지 몰라도 위쪽에는 아무것도 나지 않는다. 하지만 만약 빙하들이 존재하지 않았다면 이미 오래 전에 모든 생명이 계곡 속으로 사라지고 없었을 것이다. 오염된 공기는 데워져서 위로 올라가는데, 그 공기가 빙하와 만나게 되면 다시 차가워져서 오염물질과 분리된다. 그렇게 해서 깨끗해진 공기는 계곡으로 다시 내려온다. 이 항구적인 작업이 없다면 죽음이 이미 인류를 덮쳤을 것이다." 명상자들의 존재도 이와 마찬가지라고 이 신앙심 깊은 학자는 말했다. 그들은 외관상 아무것에도 도움이 되지 않고 비생산적인 것 같아보이지만, 그들과 그들이 비밀리에 쏟아내는 사랑이 없다면, 인류는 아마도 이미 증오의 무게에 짓눌려버렸을 것이다.

기도에 관해서 아직 할 애기가 두 가지 남아 있다. 첫번째는 봉헌의 개념과 관련된 것이다. 매일 아침 잠자리에서 일어나면서 나는 나의 하루를 하느님께 봉헌한다. 이 행위는 매우 중요하다. 오늘 내게 무슨 일이 닥치건 모든 게 자유의지에 따라 바쳐졌기 때문에 그 무엇도 헛되지 않다는 걸 알게 되기 때문이다. 실패와 혼란과 잘못이 있을지라도 하느님께서는 바쳐진 각 삶에서 가장 좋은 것을 끄집어내어 천상의 예루살렘과 새로운 지구, 그리고 새로운 하늘을 세우실 것이기에 그렇다.

두번째 얘기는 찬양과 관계된 것이다. 우리는 배은망덕자가 되지 말자. 우리는 불평은 늘어놓으면서 감사할 줄은 모른다. 일이 잘 안 풀릴 때면 갖은 불평이나 비난을 하느님께 늘어놓는다. 그런데 일이 잘될 때는 하느님께 감사드릴 생각을 하는가? "제게 일할 기운이 있음에 감사드리며, 이 아름다운 풍경에 감사드리며, 아이들이 건강한 것에 감사드리며, 제 일이 제 마음에 드니 감사드립니다"라고 하느님께 말할 신자가 몇이나 될까?

가톨릭교인들은 '대영광송'을 노래하며 '주님 영광 크시오니 감사하나이다'라고 한다. 이 가사는 오랫동안 내 마음에 걸렸다. 매일같이 미사 전이나 미사 중에 '대영광송'을 암송할 때면 더더욱 그랬다. 보통 때 우리는 선물에 대해서나 받은 재능에 대해 감사를 드린다. 그런데 여기서 말하는 하느님의 영광이란 도대체 무엇이란 말인가?

나는 그것이 '사랑으로서 인정받은 사랑'을 말한다고 생각한다. 사랑은 기쁨의 폭발이 그렇듯 누군가가 그것을 알아보고 응답할 때만이 충만해진다. 그렇지 않으면 그 사랑은 절대적 허공 속의 길 잃은 한 줄기 빛과도 같을 것이다. 사랑은 그것이 한 존재 속에서 메아리쳐서 그가 그 사랑을 의식하고 그 사랑에 사랑으로 보답할 때만이 참으로 제 의미를 가지는 것이다. 하느님은 사랑이시며, 그 사랑을 우리가 알아보는 것이 하느님의 영광이다. 하느님께 '주님 영광 크시오니 감사하나이다'라고 말할 때 우리는 어떤 선물에 대해 하느님께 감사드리는 것이 아니라, 하느님의 삼위일체로서의 그 모습에 대해, 우리에게 드러내 보이시는 모습 그대로에 대해 그저 감사드리는 것이다. 우리는 말한다. '당신께서 사랑이신 사실에 대해, 그리고 그 사실을 우리에게 말씀해주신 것에 대해 감사드립니다'라고. 이것은 근본적으로 하느님의 불가사의한 신비가 배어 있는 신자의 기도이다. 내게는 바로 이것이 경배이다. 나는 수도원에서 매일 밤 하느님께 이렇게 말하면서 몇 시간을 보내곤 했다. '주님의 그 모습 그대로에 감사드립니다.'

나는 노르망디 지방에 있는 엠마우스 동료들의 양로원이나 파리 외곽에 위치한 고층건물 10층에서 지낸다. 거기서는 파리 전체가 기막히게 내려다보인다. 창문 아래로는 수도로 들어서는 고속도로가 지나가는데, 저녁이면 도로 양쪽 방향으로 수천 개의 불빛을 볼 수 있다. 파리 시내 아파트들에서 흘러나오는 수십만 개의 불빛은 고려하지 않더라도 말이다. 밤이면 나는 창문 앞에 서 수도 없이 이런 생각을 했다. '얼마나 많은 흐느낌과 행복과 어린아이들의 미소와 병든 이들의 비탄과 사랑하는 이들의 기쁨과 고독한 자들의 슬픔이 뒤얽혀 있는가!' 그후로는 그 열린 창문 앞에 홀로 있을 때면 미사를 드리는 버릇이 생겼다. 나는 인간들의 모든 기쁨과 모든 고통을 그 유리창을 통해 보는 것이다. 또한 그 유리창은 내 교회의 중앙홀이기도 하다. 내 앞에는 내 모든 형제들이 있으며, 그들을 위해 나는 성찬 성제를 제공하는 것이다.

나는 작은 빵조각 속에 스스로의 몸을 내어주시는 예수의 위대한 신비에 대해 명상하기를 좋아한다. 예수께서는 성찬에 참석하신다. 복음서에서 보여지는 모습으로가 아니라, 지금의 모습으로, 즉 부활하신 모습으로 말이다. 신앙으로 나는 예수께서 축성된 성체 속에 그분의 영광스런 몸과 더불어 들어 있다는 걸 안다. 그리고 그런 식으로 나는 너무나도 손쉽게 그분께 다가가고, 그분을 만지고, 그분의 광채에 눈멀지 않고 그분의 영광에 압도되지 않고서 그분의 존재를 음미할 수 있는 것이다.

최근에 나는 의사의 지시에 따라 낮잠의 이점들을 알게 되었다. 성찬이 내게는 영혼의 낮잠과도 같다. 일상의 피로 속에서 전적으로 나 자신을 내맡길 수 있는 완전한 휴식의 순간인 것이다.

그 순간 나는 무거운 짐을 내려놓으며 예수께 '제 짐을 내려주세요. 너무 무겁습니다' 라고 말하는 지치고 가련한 사제에 불과하다.

고통의 힘

고통은 인간조건의 심오한 현실이다. 나는 인간들의 고통 가운데서 평생을 보냈다. 너무도 많은 고뇌를 옆에서 보아왔기에 고통 앞에서 다양하게 반응하는 인간들의 모습을 관찰할 수 있었다. 그 모습들은 거의 언제나 두 가지 태도로 집약된다. 고통을 사랑으로 받아들이거나 항거하는 것이다. 고통받는 거의 모든 사람들이 이 두 가지 태도 사이에서 주저한다.

나는 비교적 육체적 고통은 면제받아온 것 같다. 나는 진짜 배고픔을 알지 못했다(단식투쟁은 자발적인 행위이기 때문에 전혀 다른 문제이다). 나는 자주 아팠지만, 나의 아버지가 겪었던 것과 같은 끔찍한 질병은 한번도 앓아본 적이 없다. 그 병으로 인해 아버지는 마치 순교자와 같은 삶을 사셨다. 의사가 그 병에 걸린 사

단순한 기쁨

람들은 흔히들 자살하고 싶어한다는 말을 내게 털어놓았을 정도였다. 내가 겪은 가장 큰 고통은 정신적인 것이었다.

예를 들자면, 독신으로 살기를 결심한 뒤로 겪어야 했던 애정 결핍 같은 것이었다. 때로는 참으로 견디기 힘들었다.

또한 친구들로부터 버림받거나 이해받지 못할 때도 많이 괴로웠다. 하지만 이런 순간들이 자주 있는 건 아니었다.

내 생애에서 가장 컸던 두 가지 시련 가운데 첫번째 시련이 닥친 것은 1958년, 육체적·정신적 피로로 인해 몇 달간 꼼짝없이 병원에 수용되었을 때였다. 의사들은 내 친지들에게 내가 미쳤다고 주장했으며, 그러자 몇몇 사람들은 제각기 다른 동기에서 엠마우스 운동을 철회하려고 했다. 그들 가운데 대부분이 그걸 살리기 위해서라고 생각했다.

그리고 1996년 봄에는 문제의 논쟁에 휘말렸다. 나는 온갖 소리를 들었다. '피에르 신부는 유대인 배척자이고, 치매에 걸렸으며, 르펜 지지자가 되었다.' 그 뒤로 나는 나의 발언을 취소하고 용서를 구했지만, 내 마음속 깊은 곳에는 한평생 나와 긴밀한 관계를 맺었던 많은 이들, 특히 나의 유대인 형제들이 겪었을 고통이 남아 있었다. 오늘날 이 오해가 낳은 비극은 내가 신중하지 못하고 너무도 성급하게, 하나의 문서에서 사람의 문제와 정치적 문제 그리고 종교적 문제를 한꺼번에 다룬 것에서 비롯되었다고 생각한다.

나는 고통이 인간의 마음을 닫는 대신 얼마나 성장시켜줄 수 있는지를 청소년기 때 이미 하나의 사건을 통해 알게 되었다. 중학교 시절, 나는 나와 같은 보이스카웃 팀의 일원이던 같은 또래의 소년과 아주 친하게 지냈다. 아침마다 우리는 복사로서 함께 미사 시중을 들곤 했다. 하루는 다른 보이스카웃 소년 한 명을 만났는데 그가 내게 말했다. "레옹이 죽었어." 나는 펄쩍 뛰며 말했다. "말도 안돼. 오늘 아침 미사 때 나랑 같이 있었는데, 그땐 멀쩡했단 말이야!" 그러자 그가 이렇게 말했다. "그래, 근데 조금 전에 수영을 할 줄 모르는 두 친구와 함께 론 강에 놀러갔대. 걔들이 물에서 놀고 있는데 모터보트 한 대가 전속력으로 지나가면서 파도가 크게 일었대. 그 파도에 수영할 줄 모르는 두 친구가 쓸려가니까 레옹이 친구들을 구하려고 뛰어들었대. 한 명을 구해서 무사히 강가로 데려온 뒤에 레옹은 지쳤는데도 다른 아이를 구하려고 다시 물에 들어갔대. 그 아이가 겁에 질려 허우적대는 바람에 레옹도 함께 빠져죽었대."

나는 평소 잘 알고 지내던 그 친구 어머니에게 편지를 썼다. 그 어머니로부터 나는 결코 잊을 수 없는 답장을 받았다. "그래, 너무도 가슴이 아프구나. 그렇지만 난 이렇게도 생각한단다. '하느님, 한 어머니가 아들에게서 기대할 수 있는 성공과 행복, 그 모든 것을 당신께서는 그 아이를 당신 품으로 데려가심으로써 수백 배로 돌려주셨나이다'라고 말이다." 너무도 깊은 신앙에서 비롯된 이 반응은 그와 같은 비극 앞에서 인간은 더 한층 사랑하거나 아니면 항거할 수밖에 없다는 생각을 내게 심어주었다. 다른 그 어떤 경험보다도 고통은 인간을 '부조리냐 신비냐'라는 거친 선택 앞에 몰아세운다. 나는 자식이 고통받다 죽어가는 걸 오래도록 지켜보아야 했던 한 가장과 아주 가깝게 지내고 있다. "이 모든 일이 일어나도록 내버려두고 한 아이의 고통 앞에서 무심하기만 한 하느님을 난 더이상 믿을 수가 없어요. 어째서 그러시는 겁니까?"라고 그는 내게 말했다. 그러면서 그는 내게 털어놓았다. "그런데 제 아내는 더 열렬한 신자가 되었어요. 여러 가지 책임도 떠맡고 온갖 봉사일에 전념하고 있습니다."

고통은 인간을 압도하거나 반대로 인간의 마음을 크게 한다. 그것은 우리를 깜깜한 암흑 속에 빠뜨리거나 새로운 지평선을 열어준다. 우리 모두는 이 양 극단을 오갈 수 있다. 끔찍한 고통 앞에서 우리는 절망에 빠져 이렇게 말할 수 있다. "아니야, 있을 수 없는 일이야. 삶이라는 건 완전히 부조리해. 하느님이 계시다면 이 같은 고통을 줄 리 없어." 또한 우리는 희망 속에서 성장하여 이렇게 말할 수도 있다. "하느님, 이 고통에도 불구하고 나는 당신께서 사랑이심을 믿으며, 그래도 당신을 믿습니다." 이 두번째 태도는 살아가고 시련을 극복하는 데 도움이 될 뿐만 아니라 우리 내면에서 신앙과 희망과 사랑이 더 크게 자랄 수 있게 해준다. 성경의 많은 말씀들이 받아들이기 힘들어보일지 몰라도, 하느님께서는 당신을 사랑하는 자들의 마음을 느끼며, 황금이 불 속에서 제련되듯이 고통의 시련 속에서 그들을 변화시킨다고 말하고 있다.

우리는 종종 우리가 아는 이들 가운데 누구보다 뛰어나고, 더할 나위 없이 인간적이며, 누구보다도 사랑을 베풀며, 누구보다도 고독한 이들이 대개 혹독한 시련을 겪어내었다는 사실을 확인하게 되지 않는가?

극심하게 분열되었던 가족들이 병든 아이를 중심으로 다시금 결합되는 건 드문 일이 아니다. 부모들 사이에 더이상 사랑이 남아 있지 않다고 여겼는데, 밤낮으로 교대하며 고통받는 자식 곁을 지키다 보니 완전히 잃어버렸다고 생각했던 사랑이 다시 생겨나기도 한다. 우리는 고통이 연대 행동을 불러일으켜 사람들을 친밀하게 만들어주며 마음으로부터 우러나는 깊은 관계들을 생겨나게 하는 것 또한 보게 되지 않는가? 반교권주의자들과 교회 사람들이 참호 속의 혹독한 우애 속에서 서로를 바라보는 시선이 변화되지 않던가? 물론 여기서 고통 예찬론을 늘어놓으려는 것이 아니다. 나는 그 누구도 고통받는 걸 원치 않는다. 다만 고통이 인간조건의 일부임을 확인하면서 이 저주가 인간의 마음을 진정으로 넓히고 깊어지게 하는 시간과 장소가 되기를 바랄 뿐이다.

그것이 바로 예수께서 죄인의 회환을 제외한 모든 차원에서 인간의 고통을 받아들임으로써 말하고자 하신 바가 아니겠는가? 그분은 친구로부터 배반당했으며 다른 사람들로부터 부인되었다. 그분은 육체적으로도 끔찍할 정도로 고통받았다. 또한 모욕당했으며 이해받지 못했다. 불안도 경험했다. 그분은 가족들에게는 고통의 근원이기도 했다. 그분의 어머니는 십자가 아래에 서 있었다. 고통의 기간이나 잔인함의 강도에 있어 그리스도가 겪은 고통과 유사하거나 더 심한 고통을 겪은 사람들도 많다. 하지만 예수께서는 그 모든 시련들을 남다른 감성으로 견뎌내셨기에 그 시련들이 유일한 의미를 지니는 것이다. 나는 하느님께서 그리스도의 인격을 통해 그에게 의미와 가치를 부여하고, 모든 그리스도인들과 고통과 악의 신비에 맞선 예수를 아는 모든 인간들의 희망을 굳건히 함으로써 인간의 고통을 고스란히 끌어안으셨다고 생각한다. 골고다의 시간 동안 한몸 같았던 예수와 성모 마리아를 본받아 우리는 주어진 고통을 사랑으로 겪어냄으로써 우리의 마음이 하느님 사랑의 차원으로까지 커짐을 알게 될 것이다.

강조하는 바이지만, 나는 내가 사랑과 고통을 결합시키는 긴밀한 관계의 신비를 이해하고 그렇게 살고자 했다고 해서, 고통받는 누군가에게 '당신은 참으로 운이 좋군요. 당신이 겪는 고통은 하느님의 선물입니다'라고 말하지 않도록 조심한다. 얼마나 끔찍한 일인가! 나는 내가 잘 알고 있고 참으로 좋아하기도 하는 테레사 수녀를 생각한다. 그분은 가난한 자들 가운데서도 가장 가난한 자들을 위한 무한한 자비를 한평생 증명해보이신 위대한 성인임에 틀림없다. 하지만 흔히들 그러듯 그분이 병원에서 끔찍이도 고통받는 불행한 이들에게 '당신은 그리스도의 대속과 고통을 이렇듯 함께할 수 있으니 운이 좋으십니다'라고 말하는 걸 나는 받아들일 수가 없다. 그건 안된다. 나는 타인의 고통 앞에서는 두 가지 태도만이 바르다고 마음속 깊이 확신한다. 침묵하고,

함께 있어주는 것이 그것이다.

  이 문제와 관련해서 내가 페루 공동체에서 일하고 있던 당시 일어난 한 사고가 떠오른다. 우리는 엄청난 크기의 쓰레기산 위에 위치한 리마 시 한가운데에서 시청 트럭들이 끊임없이 실어나르는 쓰레기 더미를 밤낮으로 뒤지는 굶주린 자들과 더불어 살고 있었다. 하루는 신문기자들이 그 더러운 곳을 찾아오겠다고 청해왔다. 불안정한 땅 위를 걷던 기자들 가운데 한 사람의 무릎이 탈구되었다. 그는 고통으로 비명을 질렀다. 사람들이 앰뷸런스를 불렀고 그를 병원으로 실어나르는 동안 나는 그의 곁에 앉아 있었다. 그가 얼마나 고통받는지를 보자 나는 본능적으로 그의 손을 꼭 쥐었다. 병원에 도착하자 곧 의사가 그의 무릎뼈를 제자리에 끼웠고 견디기 힘든 고통이 사라졌다. 그러자 그가 내게 말했다. "고맙습니다, 신부님. 고통받고 있을 때 손을 꼭 잡아주는 것이 얼마나 중요한지를 제게 깨닫게 해주셨습니다. 신부님의 그 행동은 그 어떤 말보다도 제가 고통을 견뎌내는 데 도움이 되었습니다."

  고통받는 자들에게 충고를 하려 들지 않도록 주의하자. 그들에게 멋진 설교를 하지 않도록 주의하자. 신앙에 대한 설교일지라도 말이다. 다만 애정어리고 걱정어린 몸짓으로 조용히 기도함으로써, 그 고통에 함께함으로써 우리가 곁에 있다는 걸 느끼게 해주는 그런 조심성, 그런 신중함을 갖도록 하자. 자비란 바로 그런 것이다. 그리고 그것은 인간의 경험들 가운데 가장 아름답고 가장 정신을 풍요롭게 해주는 것이다.

애타게 기다리던 만남

최근 파리에서 나는 요즘 많은 나라에서 생겨나고 있는 영안실이라 불리는 곳을 방문할 기회가 있었다. 그곳은 가족들이 와서 고인 곁에서 묵상할 수 있도록 만들어진 장소이다. 현대생활의 조건으로는 가족들이 장례나 화장 전에 고인의 시체를 모셔둘 방을 따로 마련해두기가 점점 어려운 형편이다. 그런 이유로 영안실들이 유럽과 미국 도처에서 늘어나고 있다. 그럼에도 나는 이런 식의 관행이 죽음을 은폐할 우려가 있지 않나 하는 의문을 갖지 않을 수 없었다.

예전에는 집에서 가족들이 모인 가운데 고인 곁을 밤새 지켰다. 그것은 특히 아이들이 부모들과 더불어 늘 금기시되던 죽음의 문제에 접근하게 되는 매우 중요한 시간이었다. 문제에서 벗어나지 않는 것, 문제를 피해가지 않는 것은 매우 중요한 일이다.

나는 죽음이 삶의 일부이며, 삶에 의미를 부여하는 중요한 요소 가운데 하나이기까지 하다고 생각한다. 개인적으로 나는 운 좋게도 내게 매우 소중했던 세 사람의 죽음을 지켜볼 수 있었다.

맨 먼저 아버지의 죽음이다. 나는 아버지께서 마지막 숨을 거두실 때 홀로 곁에 남아 있었다. 아버지께서는 오랜 병환으로 몇 달 동안 시달려왔었다. 돌아가시기 며칠 전, 아버지께서는 예수회 수사인 사촌에게 이렇게 물은 적이 있었다. "샤를르, 이제는 내가 하느님께 죽게 해달라고 청해도 되겠지?" 아버지께서는 신앙이 깊으신 분이셨다. 이 순간부터 모든 게 빨리 진행되었다. 나는 아버지의 임종을 결코 잊을 수가 없을 것이다. 아버지의 얼굴은 때때로 두려움에 사로잡힌 듯해보였다. 나는 아버지의 내면에서 일어나는 끔찍한 투쟁을 느낄 수 있었다. 수도사로서 나는 악의 기운을 몰아내는 기도문을 외며 아버지의 이마에 성호를 그었다. 그러면 아버지께서는 편안해지셨고, 그렇게 편안히 떠나셨다. 나는 아버지를 무척 좋아했지만 눈물은 전혀 흘리지 않았다. 오히려 내 마음은 기쁨으로 가득 찼다. 아버지께서 당신의 인생에 의미를 부여하신 그분께로 마침내 가셨다는 걸 알았기 때문이다.

나는 또한 나의 어머니가 마지막 숨을 거두실 때도 혼자 머리맡을 지키게 되었다. 어머니는 아버지와는 전혀 성품이 다른 분이셨다. 어머니는 자신의 감정을 생각할 겨를 없이 여덟 명의 아이를 길러내신 강인하고 정력적인 분이셨다. 그런데 임종 무렵에는 어린아이처럼 되셨다. 예전에는 그런 모습의 어머니를 본 적이 한번도 없었다. 우리는 가족끼리 매일 저녁 드리던 기도를 함께 음송했다. 그리고 나자 어머니의 눈이 천천히 감겼고, 마지막 잠이 드셨다. 그것이 너무도 평화로워 나는 역할이 바뀌었다는 느낌을 받았다. 마치 내가 엄마로서 아이의 머리맡을 지키고 있는 것 같았다.

나는 또한 내 삶에서 큰 역할을 했던 또 한 사람의 죽음도 홀로 지켰다. 쿠타즈(Coutaz) 양의 죽음이었다. 그녀는 엠마우스에서 내 비서로 일했던 사람이다. 그녀는 39년간이나 나를 참아내고 83세의 나이로 세상을 떠났다! 그녀가 없었다면 엠마우스 운동은 결코 오늘날의 위상에 이르지 못했을 것이다. 그녀를 잘 알던 오랜 동료들은 이렇게 말했다. "피에르 신부와 함께 일하면 금고에 한 푼도 남아나질 않을 거요. 받는 족족 눈에 띄는 가난한 자에게 퍼주니 말이오! 쿠타즈 양은 계산을 할 줄 알지요. 그리고 돈을 합당하게 쓰는 방법도 알지요." 그녀의 무덤에다 동료들은 이렇게 적었다. '엠마우스 공동창립자'. 그것은 사실이다. 그녀를 내게 추천한 사람은 뤼박 신부였는데, 그것은 참으로 하느님의 선물이었다. 그녀는 나보다 열세 살이 많았는데, 그녀처럼 유혹에 눈을 돌리지 않는 여자를 상상하기란 힘들다. 다행한 일이다. 만약 내게 스무 살의 매혹적인 여비서가 있었더라면 함께 보낸 39년의 세월은 참으로 형벌이 될 수도 있지 않았겠는가!

그녀는 방이자 사무실로 사용하던 샤랑통(Charenton)의 아파트에서 세상을 떠났다. 그때 내게 무엇보다 충격적이었던 것은 마지막으로 숨을 거두기 전 이틀 동안 고통으로 인해 끔찍하게 일그러진 그녀의 얼굴이었다. 그런데 두 시간이 지나자 그녀의 얼굴은 평화로 빛났다.

내게 가장 가까웠던 이 세 사람의 죽음에서 매번 나는 기쁨의 감정만을 느꼈다.

또한 나는 개인적으로 여러 차례 죽음의 문턱까지 갔다. 8살인가 9살 때부터 그토록 갈망해왔음에도 이 문은 아직까지도 내게 열리려고 하질 않는다! 내가 처음으로 정말 죽었다고 생각했을 때는 안시 호숫가에서 보이스카웃 캠프를 치고 있던 때의 일이었다. 어느 날 아침, 텐트 밖으로 나오다가 비스듬히 잘라놓은 갈대의 뾰족한 부분에 발이 깊게 찔렸다. 사람들이 임시로 응급조치를 했다. 하지만 상처가 감염되었는지 몇 시간이 지나자 열이 40도가 넘었다. 나는 긴급히 병원으로 옮겨졌으나, 열이 계속해서 올랐기 때문에 보이스카웃 부속 사제는 죽음에 대비하게 했다. 나는 기뻤다. 마침내 긴 휴가를 맞이하게 된 것이다! 하지만 결국 나는 회복되었고, 길은 계속되었다.

그후로도 나는 전쟁기간 동안 여러 차례 죽을 뻔한 기회가 있었다. 그중 한번은 흔히 오는 기회가 아니었다. 유대인 가족들을 스위스 국경으로 데려다주고 돌아오는 험한 산중에서의 일이었다. 나는 친구인 안내자 레옹 발마(Léon Balmat)와 함께 빙하지대를 내려오고 있었다. 돌아오는 길에 으레 그렇듯 우리는 마음이 홀가분했고, 그래서 내려올 때 밧줄로 우리 몸을 묶는 걸 그만 깜빡 했다. 순식간에 나는 빙벽 한가운데에서 미끄러져 추락했다. 정신없이 미끄러져 내려오는 몇 초 동안 내 머릿속에는 빙하가 산으로부터 떨어져나가면서 생겨난 거대한 균열을 건널 때 레옹이 했던 말이 떠올랐다. "저 균열 속으로 떨어지게 되면 너무 깊어서 빠져나올 수가 없어요. 간혹 50년이 지난 뒤에 지하수로 인해 빙하 아래쪽에 냉동된 사람의 발이 빠져나와 있는 게 발견되기도 하지요. 시신은 완벽하게 보존되어서 신분증까지도 읽을 수 있을 정도랍니다!" 그런데 내가 바로 그 균열을 향해 전속력으로 미끄러져가고 있었던 것이다.

당시 내 신분증은 가짜였다. 내 눈에는 21세기에 한가로이 산책하던 사람들의 대경실색한 눈앞에 냉동된 모습으로 드러난 내가 보였다. 그때 나는 도무지 믿기지 않을 정도로 운이 좋았다. 내 발이 빙하의 울퉁불퉁한 부분에 걸려 균열에서 몇 미터 떨어진 지점에 뚝 멈춰섰던 것이다.

또 한번은 정말이지 최후의 시간이 도래했다고 여긴 적이 있었다. 나는 비행기를 타고 델리와 봄베이 사이를 날고 있었다. 갑자기 알 수 없는 격렬한 충격이 있었다. 조종사는 기수를 돌리더니, 착륙시 폭발할지도 모르기 때문에 기름을 없애려고 델리 상공을 20분간이나 맴돌았다. 그런 순간에는 정말이지 어떤 승객이라도 죽음을 준비하게 되리라고 생각된다. 공포에 사로잡힌 사람은 없었다. 모두가 기도를 하고 있었다. 나는 죽음이 다가왔을 때 그에 준비하는 건 중요한 일이라고 생각한다. 결국엔 모든 게 잘되었다.

그후로 나는 엠마우스 잡지에다 '목적지'라는 제목으로 이 사고가 내게 불러일으킨 죽음에 대한 성찰의 글을 실었다. 이 글이 람바레네의 나환자 수용소에 있던 슈바이처 박사에게도 전해졌다. 그는 내게 매우 아름다운 편지를 보내왔는데, 그 편지는 이렇게 끝을 맺고 있다. '이제 아주 가깝게 느껴지는 목적지에 내가 준비할 수 있도록 도와준 자네 글에 감사하네. 때가 되면 내 생에서 가장 중요한 순간이 될 그때에 자네가 내 곁에 있을 수 있도록 사람들에게 부탁해놓겠네.'

하지만 지금으로부터 35년 전, 난파당했을 때보다 더 죽음에 가까웠던 적은 없었던 게 분명하다. 나는 우루과이의 엠마우스 공동체를 위한 업무를 막 끝낸 뒤 곧장 아르헨티나로 떠나야만 했다. 비행기를 타려는 순간에 안개 때문에 모든 비행이 취소되었다는 안내방송이 있었다. 사람들은 모두 항구로 달려갔다. 거기엔 부에노스아이레스를 향해 막 닻을 올리려는 배가 한 척 있었다. 승객이 정원을 초과해 대부분의 사람들은 소파에 앉은 채 밤을 지샜다. 나는 거기서 우연히 프랑스 사제인 오디네 신부를 만났는데, 그가 내게 자신의 침대를 내주었다. 나는 기진맥진한 상태라 그 호의를 받아들였다.

새벽 4시경에 그가 내 방문을 세차게 두드렸다. "일어나세요, 어서요. 침대 밑에 있는 구명조끼를 입으시고 갑판으로 올라오세요. 배가 가라앉고 있어요!" 정말로 배는 앞쪽으로 가라앉고 있었고, 배 뒤쪽은 점점 물 위로 들어올려지고 있었다. 결국 선장은 모두에게 바다에 뛰어들라고 명령했다.

이와 같은 상황에서는 개개인의 내면과 천성이 드러나게 된다. 어떤 이들은 감탄할 정도로 연대의식과 품위를 보여주었다. 반면에 어떤 이들은 여자들과 아이들을 밀치고 몇 개 없는 구명보트에 늑대처럼 달려들었다. 나는 모두를 위한 사면을 한 뒤 마지막 순간에 물로 뛰어들었다. 배에는 20명 남짓한 사람들만이 남아 있었다. 대개가 강제로 목욕하게 되는 걸 막무가내로 거부하던 노파들이었다. 그들에게는 결국 잘된 일이었다. 그들은 선장—배와 함께 침몰하기로 결심한—과 함께 될 수 있는 한 가장 높은 곳인 선교 위로 피신했다. 나중에 나는 신문을 통해 배가 선교 아랫부분까지 물에 잠긴 채 모래톱 위에 안착했다는 사실을 알게 되었다.

나는 10여 명의 사람들이 이미 매달려 있는 상자에 그럭저럭 매달릴 수 있었다. 난파당한 사람들은 본능적으로 모이려는 행동을 보였다. 나무판자에 매달렸던 사람들은 따로 떨어져 있는 사람들 쪽으로 가기 위해 애를 썼다. 내가 매달린 나무상자 건너편에는 남아메리카인이 한 사람 있었는데, 그는 모두의 사기를 북돋우려고 갖은 익살을 떨었다. 갑자기 그가 나를 알아보았다. "아니, 피에르 신부님 아니세요! 프랑스 만세!" 그러더니 〈라 마

222　단순한 기쁨

르세예즈)를 부르기 시작했다. 살을 에는 추위와 피로에 맞서 몇 시간을 버티는 동안 나는 두 번이나 실신했다.

정신을 차리면서 나는 이제야말로 죽는구나라는 생각이 들었다. 그리고 내가 살면서 저질렀던 죄를 회개하고 나니 이런 생각이 떠올랐다. 결코 잊지 못할 생각이다. '한평생 자신의 손으로 가난한 자들의 손을 잡고자 애썼을 때, 비로소 죽음의 순간 자신의 다른 쪽 손에서 하느님의 손을 느낄 수 있는 것이구나." 그리고는 또다시 실신했다.

나는 그후 네 시간 뒤에 아르헨티나 해군에 의해 구조되었다. 전혀 살아 있는 것 같아보이지 않자 사람들은 나를 그 난파사고에서 죽은 자들과 함께 화물창에 놓아두었다. 만약 시체를 나르던 해병 한 사람이 내가 움직이는 걸 보지 못했더라면 지상에서의 나의 모험은 거기서 끝이 났으리라. 나는 갑판 위로 올려졌고 인공호흡으로 숨을 되찾았다. 벌거벗은 채로 깨어나자, 마침내 눈을 뜨는 나를 보고서 웃는 키 큰 두 해병이 눈에 들어왔다. 나는 살아났지만 그 무엇보다 견디기 힘든 일을 경험해야 했다. 나는 끊임없이 한 남자 또는 한 여자가 울면서 내게로 와서는 '방금 우리 아이를 건져냈는데 죽었어요'라고 말하는 걸 보아야만 했던 것이다.

전날 저녁에 배에서 알게 된 부부가 생각난다. 그들은 몇 년 동안 함께 지낸 뒤 이혼을 했지만 그후 자식들의 고통 앞에서 다시 만나게 되었고 결국 재혼했다. 그때 그들은 두번째 신혼여행중이었다. 난파사고 이후에 나는 그 부인이 울면서 오는 걸 보았다. 그녀는 방금 남편의 시체를 확인하고 오는 길이었다. 끔찍한 일이었다.

부에노스아이레스에 내리자 한 무리의 신문기자들이 우리를 기다리고 있었다. 그들은 나를 알아보고서 몰려와 질문을 해댔다. 나는 그들에게 대답했다. "고맙습니다. 참으로 친절하십니다. 이렇게 따끈한 음료와 옷과 먹을 것을 가져오시다니 정말 고맙습니다. 그런데 저는 부에노스아이레스 사람들과 함께 일하러 가야 합니다. 집 없고 절망에 빠진 사람들 말입니다. 그들은 일상의 조난자들입니다. 오늘 여러분들은 하룻밤 새 난파당한 10여명의 사람들의 소감을 얻어들으려고 이렇게 모두들 모였습니다. 한데 어째서 부에노스아이레스의 빈민굴에 살고 있는 수백만의 항구적인 조난자들이 들려줄 한층 더 비통한 증언을 들으러 가지는 않는 겁니까?"

며칠 뒤 나는 현재 RTL(프랑스의 라디오 방송 가운데 하나—옮긴이 주)의 회장인 필립 라브로와 인터뷰를 하게 되었다. 당시 그는《프랑스 수아르 *France-Soir*》의 신참기자였다. 그의 상관은 언론계의 거물인 피에르 라자레프였는데, 라자레프가 그를 불러 이렇게 말했다고 한다. "하던 일 전부 중단하고 부에노스아이레스행 첫 비행기를 타라구. 가서 특종 탐방기사를 가져오라구. '피에르 신부 바다에서 구조되다.' 조난 사진과 함께 전면으로 실을 테니." 그 당시 어느 텔레비전 방송에서 필립 라브로가 한 이 얘기를 나는 최근에야 비디오 테잎으로 보았다. "나는 피에르 신부에게서 아무것도 얻어내지 못했기 때문에 굉장히 실망했었습니다. 그분에게는 조난사고가 과거의 일이었습니다. 이미 그의 관심을 벗어난 사건이었지요. 그분은 줄곧 칠레와 페루, 그리고 또 어딘가에다 엠마우스를 세울 계획에 대해서만 얘기하더군요! 급기야는 화가 난 제가 말했지요. '그런데 신부님, 그렇게 죽음 앞에 처하니 어떠시던가요?' 그러자 그분은 잊지 못할 대답을 했습니다. '죽음이란 오랫동안 늦춰진 친구와의 만남과 같은 거요' 라고 말입니다."

이 일이 있은 지 35년이 지난 지금, 나는 목적지에 아주 가까이 왔다고 느끼지만 그래도 여전히 같은 얘기를 할 것이다. 언제나 나는 이렇게 죽음을 본다. 오랫동안 늦춰진 친구와의 만남으로. 내가 죽을 뻔한 횟수를 생각해보면 예수라는 이 친구가 내게

만남을 향하여

여러 차례 예행연습을 시킨 거라고 말할 수 있을 것이다. 하지만 괜찮다. 나는 그토록 기다리던 이 만남을 매일같이 여전히 희망하고 있으니.

사람들은 죽음과 관련해서 이별을 말한다. 남겨진 이들에게 죽음이 이별로 경험된다면 죽는 자에게는 그렇지 않다! 그에게 죽음이란 모든 상상을 뛰어넘는 환상적인 만남이 주는 눈부신 순간이다. 하느님과, 천사들과, 이 땅에 살았던 무수한 사람들과의 만남! 그렇다, 죽음은 우리네 삶에서 황홀한 순간일 수 있다.

점점 나이를 먹어갈수록—그것도 그다지 나쁘지 않게 여겨지기 시작한다—인생에는 두 가지 근본적인 것이 있다고 확신하게 된다. 절대로 망쳐서는 안되는 그 두 가지 일은 사랑하는 것과 죽는 것이다.

더구나 이 두 문제는 밀접하게 연관되어 있다. 죽음은 시간의 암흑으로부터 벗어나는 것에 다름아니다. 암흑에서 빠져나와 빛 속으로 들어갈 때 우리는 살면서 스스로 만들어온 자신의 모습을 보게 된다. 나는 타인과 공감하는 자인가 아니면 홀로 만족하는 자인가.

이미 앞에서 말했듯이, 인간에 대한 근본적인 구분은 '신자'와

'비신자' 사이에 있는 것이 아니다. 그 구분은 '홀로 족한 자'와 '공감하는 자' 사이에, 타인들의 고통 앞에서 등을 돌리는 자와 그 고통을 함께 나누기를 받아들이는 자 사이에 있다. 어떤 '신자'들은 '홀로 족한 자'들이며, 어떤 '비신자'들은 '공감하는 자'들이다.

'타인은 지옥이다'라고 사르트르는 썼다. 나는 마음속으로 그 반대라고 확신한다. 타인들과 단절된 자기자신이야말로 지옥이다. '너는 홀로 족하기를 원하며 살아왔다. 그러니 홀로 족하거라!' 그와 반대로, 천국은 무한한 공감이 이루어지는 곳이다. 그것은 하느님의 빛에 에워싸인 채 나누고 교환하는 데서 오는 기쁨이다.

영생은 죽음 뒤에 시작되는 것이 아니다. 그것은 우리가 타인들의 기쁨과 고통을 함께 공감할 것인가 아니면 자기자신에 만족한 채 매일매일을 살아갈 것인가를 선택함으로써 지금 이 순간, 바로 현재의 삶에서 시작되는 것이다. 하느님께서는 우리를 심판할 일이 없을 것이다. 우리 각자가 만든 자기자신의 모습, 즉 홀로 족한 자인가 아니면 공감하는 자인가를 보게 되는 광명의 순간이 바로 심판이 될 것이다. 인간은 이미 자기자신의 심판관이며 앞으로도 그러할 것이다. 그리스도께서는 말하신다. '빛이 세

만남을 향하여

상에 왔지만 사람들은 자기들의 행실이 악하여 빛보다 어둠을 더 사랑하게 됐다. 이것이 벌써 죄인으로 판결받았다는 것을 말해준다'(요한복음 3장 19절). 우리의 행적, 다시 말해 우리의 행위가 우리 자신의 심판관이다. 왜냐하면 말이나 상상이 아니라 우리가 행하는 것이 바로 우리의 모습이기 때문이다.

    삶에 대해 몽상하지 말자. 삶을 만들어가자. 공허한 말에 만족하지 말고 사랑하자. 그리하여 시간의 어둠에서 빠져나갈 때, 모든 사랑의 원천에 다가서는 우리의 마음은 타는 듯 뜨거우리라.

길은 계속된다

그 누구도 이런 말을 하지는 못할 것이다. 나는 10년을, 20년을, 50년을 살았지만 그 누구에게도 상처를 준 적이 없고, 하느님을 거스른 적도 없노라고. 그것은 사실이 아니다. 죄인인 우리에게는 용서가 절대적인 희망이다. 내가 용서하지 못했으며 따라서 용서받지 못했을 때, 나는 희망을 잃고 불안한 죽음을 맞이하게 된다. 용서에는 언제나 이와 같은 이중적 측면이 있는데, 그것은 바로 '주님의 기도'가 말해주는 바이기도 하다. '저희에게 잘못한 이를 저희가 용서하오니 저희 죄를 용서하소서.'

이 점에 관해 두 가지 얘기를 할 수 있다. 우선 우리가 우리에게 잘못한 이를 생각하고 그들을 용서하기로 결심할 때 모든 걸 자문해보아야 한다. 상대방이 내게 잘못을 하도록 내 쪽에서 뭔가 잘못한 것은 없었는가? 그가 나를 향해 보인 공격적인 태도에는 어느 정도 내 책임도 있지 않을까?

나는 뫼르-테-모젤 지역의 국회의원으로 있었는데, 바로 내 선임 국회의원이었던 한 위대한 정치가가 생각난다. 그는 루이 마렝(Louis Marin)으로, 프랑스 중도파의 대표적 인물이었으며 앙투안 피네(Antoine Pinay)와도 같은 현자였다. 최근에 알게 된 사실인데, 1919년 베르사유 조약을 비준할 당시 단 한 사람의 의원만이 반대 표결을 했었다고 한다. 그가 바로 루이 마렝이다. 그처럼 엄격하고 강경한 조약이라면 독일 민족은 10년이 채 되기 전에 독재체제로 빠지고 말 것이라는 것이 루이 마렝의 생각이었다. 얼마나 뛰어난 통찰력인가! 나치 독재는 5천만의 죽음을 초래했으며, 우리가 익히 잘 아는 유대인 말살정책과 가스실과 같은 잔학한 행위들을 저지르지 않았는가.

누군가 우리에게 잘못을 했을 때에는 항상 이렇게 자문해보아야 한다고 나는 생각한다. "내게도 어느 정도 책임이 있지 않을까?"

역으로 우리가 잘못을 저질러 비난받을 때, 그리고 우리의 잘못이나 서투름이나 실수로 인해 상처받았을 이들에게 용서를 구하기로 결심했을 때는 실제로 우리가 잘못했다고 여긴 것보다 훨

씐 많은 잘못들이 우리에게 부과되기도 한다. 그럴 때는 우리가 범한 죄에 대해 솔직히 용서를 구할 줄 아는 용기를 가져야만 한다. 용서를 구하는 일 앞에서 절대로 물러서서는 안된다. 그것은 인간적 열정들이 억제되지 않고 폭발할 때 그것을 진정시키고, 한층 해로운 결과를 가져올 일탈행동을 피하는 유일한 방법이기 때문이다.

살아오면서 내게는 여러 차례 매우 어려운 상황에서 용서를 구할 일이 있었으며, 모두가 그러하듯 대단히 심각한 상황에서 용서를 해야 할 때도 있었다. 예를 들자면, 해방이 되고 나는 나를 배반했던 어떤 사람을 위해 증언을 하러 가야만 했다. 나는 그가 처했던 불가피한 상황에 대해 설명해달라는 변호사의 요구를 받아들였다. 그렇게 해서 사형선고를 받을 수도 있는 그를 위해 정상참작을 끌어냈다.

그 사람은 계보학에 관한 일종의 백과사전 같은, 아주 중요한 책의 저자였다. 독일 점령군이 들이닥쳤을 때 그는 그의 다음 책을 인쇄하는 데 필요한 고급용지를 구하지 못해 절망한 상태였다. 그때 그는 G.d.R.이라는 게슈타포 소속 프랑스 장교 가운데 한 사람을 만난다. 이 장교가 그에게 아리안 클럽에 가입하라고 제의한다. "거기 가면 군인과 민간인으로 구성된 독일 상류층 인사들을 만날 수 있을 겁니다. 거기서 우리 함께 당신의 작품을 알아보는 독일 귀족들을 찾아봅시다. 그들이 당신한테 종이를 구해줄 수 있을 겁니다." 그는 그 제안을 받아들여 클럽에 가입했으며 고급용지를 구해 그의 책을 출간했다.

그런데 이제 G.d.R.이 그를 붙들고 놓아주지 않았다. "다 끝난 게 아니지요. 이제 우리는 독일인들에게 빚을 졌으니, 공무원인 당신의 인맥을 통해 이러저러한 활동들에 대한 정보를 알아내서 내게 일러줘야만 하오." 그렇게 해서 겁에 질리고 위협에 이기지 못한 이 남자는 배반을 한 것이다. 그는 나의 친구였다. 내가 레지스탕스 내에서 어떤 활동들을 하고 있는지 잘 알고 있었다. 그가 나의 가짜 신분을 폭로했다. 그 가짜 신분증으로 내가 피레네 국경을 몰래 넘는 대열에 참여하기 위한 통행허가증을 얻어냈다는 사실도 폭로했다. 나는 체포당했고, 거의 기적적으로 도망치는 데 성공했다. 그런 뒤 정체가 드러났기 때문에 알제로 갔다.

그러니까 해방이 되고 나서 나는 이 사람을 위한 증언을 하기로 수락했던 것이다. 그가 어떻게 해서 그같이 꼼짝할 수 없는 상황 속에 처하게 되었는지를 설명하기로 했던 것이다. 변호인 측 증인으로 내 이름이 불리는 것을 보고 어안이 벙벙한 판사가 내게 물었다. "아니 신부님, (스위스로 달아난) G.d.R의 마루판 아래서 무엇이 발견되었는지를 모르시나보군요? 신부님에 관한 정보가 적힌 노트뭉치 말입니다. 피고인이 매일같이 그것을 게슈타포에게 전해주었기 때문에 신부님께서 게슈타포에 체포당했고 사형당할 뻔하신 겁니다." 나는 대답했다. "압니다, 판사님. 하지만 개인적으로 저는 이 사람을 원망하지 않습니다. 왜냐하면 그가 자신의 행동을 뼈저리게 뉘우치고 있는 데다가, 처음엔 열정 때문에 그렇게 되었고, 그 뒤로는 두려움으로 인해 그렇게 덫에 빠지게 된 것이기 때문입니다." 결국 그는 부역죄로 5년형만을 받았다.

용서가 인간적 정의를 거부하는 것은 물론 아니다. 좀더 나중에 이 문제에 대해 다시 언급하겠지만 용서는 언제나 높은 곳에서 보다 넓은 시각으로 바라볼 것을 전제하며, 그것은 사랑 안에서만 이루어질 수 있는 것이다. 복음은 탕자 아들의 우화를 통해 사랑으로 정의를 초월하는 것, 용서가 무엇인지에 대한 멋진 예를 우리에게 제공하고 있다.

예수께서 또 말씀하셨다. "어떤 사람이 두 아들을 두었는데 작은아들이 아버지에게 제 몫으로 돌아올 재산을 달라고 청하였다. 그래서 아버지는 재산을 갈라 두 아들에게 나누어주었다. 며칠 뒤에 작은아들은 자기 재산을 다 거두어가지고 먼 고장으로 떠나 갔다. 거기서 재산을 마구 뿌리며 방탕한 생활을 하였다. 그러다 가 돈이 떨어졌는데 마침 그 고장에 심한 흉년까지 들어서 그는 알거지가 되고 말았다. 하는 수 없이 그는 그 고장에 사는 어떤 사람의 집에 가서 더부살이를 하게 되었는데 주인은 그를 농장으 로 보내어 돼지를 치게 하였다. 그는 하도 배가 고파서 돼지가 먹 는 쥐엄나무 열매로라도 배를 채워보려고 했으나 그에게 먹을 것 을 주는 이는 아무도 없었다. 그제야 제정신이 든 그는 이렇게 중 얼거렸다. '아버지 집에는 양식이 많아서 그 많은 일꾼들이 먹고 도 남는데 나는 여기서 굶어 죽게 되었구나! 어서 아버지께 돌아 가, 아버지 제가 하늘과 아버지께 죄를 지었습니다. 이제 저는 감 히 아버지의 아들이라고 할 자격이 없으니 저를 품꾼으로라도 써 주십시오 하고 사정해 보리라.' 마침내 그는 그곳을 떠나 아버지 집으로 발길을 돌렸다. 집으로 돌아오는 아들을 멀리서 본 아버 지는 측은한 생각이 들어 달려가 아들의 목을 끌어안고 입을 맞 추었다. 그러자 아들은 '아버지, 저는 하늘과 아버지께 죄를 지 었습니다. 이제 저는 감히 아버지의 아들이라고 할 자격이 없습니다' 하고 말하였다. 그렇지만 아버지는 하인들을 불러 '어서 제일 좋은 옷을 꺼내어 입히고 가락지를 끼우고 신을 신겨주어라. 그리고 살진 송아지를 끌어내다 잡아라. 먹고 즐기자! 죽었던 내 아들이 다시 살아왔다. 잃었던 아들을 다시 찾았다' 하고 말했다. 그리하여 성대한 잔치가 벌어졌다.

밭에 나가 있던 큰아들이 돌아오다가 집 가까이에서 음악소리와 춤추며 떠드는 소리를 듣고 하인 하나를 불러 어떻게 된 일이냐고 물었다. 하인이 '아우님이 돌아왔습니다. 그분이 무사히 돌아오셨다고 주인께서 살진 송아지를 잡게 하셨습니다' 하고 대답하였다. 큰아들은 화가 나서 집에 들어가려 하지 않았다. 그래서 아버지가 나와서 달랬으나 그는 아버지에게 '아버지, 저는 이렇게 여러 해 동안 아버지를 위해서 종이나 다름없이 일을 하며 아버지의 명령을 어긴 일이 한 번도 없었습니다. 그런데도 저에게는 친구들과 즐기라고 염소 새끼 한 마리 주지 않으시더니 창녀들한테 빠져서 아버지의 재산을 다 날려버린 동생이 돌아오니까 그 아이를 위해서는 살진 송아지까지 잡아주시다니요!' 하고 투덜거렸다. 이 말을 듣고 아버지는 '애야, 너는 늘 나와 함께 있고 내 것이 모두 네 것이 아니냐? 그런데 네 동생은 죽었다가 다시 살아왔으니 잃었던 사람을 되찾은 셈이다. 그러니 이 기쁜 날을 어떻게 즐기지 않겠느냐?' 하고 말하였다"(루가복음 15장).

　내 경험으로 비추어볼 때 하느님은 탕자의 아버지와 같다. 우리의 잘못이 어떠한 것이든 그분의 용서는 언제나 주어진다. 하느님의 존재는 우리가 호흡하는 공기와 같다. 항구적인 용서의 상태인 것이다. 용서란 하느님의 모성적 면모인 셈이다. 사랑하는 어머니는 언제나 자신의 아이를 용서한다.
　렘브란트의 한 유명한 그림에는 흐느끼는 탕자를 끌어안으며 맞이하는 노인이 그려져 있다. 무릎을 꿇은 탕자의 어깨 위에 놓인 아버지의 두 팔을 화가가 의도적으로 하나는 남자의 팔로, 다른 하나는 여자의 팔로 그렸다는 사실을 누군가 내게 일러주었다. 그걸 알아차린 사람은 아마도 많지 않을 것이다. 참으로 놀라운 일이다. 이 화가의 의도는 하느님의 자비에 모성적 차원이 담겨 있음을 상기시킨다. 분명히 하느님은 언제나 아버지로서 표현되고 있지만 남성과 여성의 잠재적 특징을 모두 갖추고 있다. 여성들과 함께 이 주제를 다룰 때면 언제나 나는 그들의 얼굴이 빛나는 걸 본다. 여성들은 아직까지 너무도 자주, 사회에서나 마찬가지로 교회에서도, 특히 하느님을 오로지 남성적으로 표현하는 사실로 인해 '겨우 연명할 정도의 봉급' 취급을 받고 있는 것이다!

하느님의 용서가 어떻게 항상 주어지는지를 이해하기 위해 우리는 빛의 비유를 들어볼 수 있다. 오늘날 가장 진보된 물리학도 빛에 대해서는 아직 잘 알지 못한다. 그 무엇도 빛을 멈추게 하지 못하거나 아니면 매우 특별한 상황에서만 멈춰진다. 빛은 장애물이 없으면 중단 없이 계속 발산된다. 용서도 이와 마찬가지이다. 장애물을 만들어내고, 빛이 (일시적으로) 멈춰서도록 벽을 세우는 건 우리다.

하느님은 사랑이시기 때문에 용서하기만을 바라신다. 그렇기 때문에 그분은 법정처럼 우리를 죄인으로 판결하는 법이 없다. 죄와 교만으로 인해 인간 스스로가 자신을 죄인으로 판결하며, 자발적으로 빛과 자신을 단절시키는 것이다.

인간이 죄로 인해 빛의 통과를 막는 벽을 세웠을 때, 이 벽을 무너뜨릴 유일한 것은 죄를 뉘우치는 일이다. 하느님께서는 언제나 인간의 자유를 존중하시는 까닭이다. 만약 인간이 하느님의 빛을 스스로 차단하길 원한다면 하느님께서는 인간의 마음을 억지로 바꾸려 하시는 법이 없다. 자신의 행위에 대한 진정한 뉘우침만이 인간으로 하여금 다시금 하느님 혹은 타인들과 하나가 될 수 있게 해준다. 하느님에게 있어 용서란 항구적인 것이다.

그분은 다만 뉘우침과 '통회'가 이루어지기만을 기다리신다. 'contrition'(통회)이라는 이 말은 매우 강력한 말로, 문자 그대로는 '망치질에 부서진 돌멩이'라는 의미이다. 성경은 통회가 무엇인지를 얘기해주는 기막힌 예를 몇 가지 제공해준다. 내가 보기에 그 가운데에서도 가장 감동적인 것은 다윗 왕에 대한 얘기이다(사무엘하서 11·12장).

다윗 왕은 그의 군사들이 전쟁에 나가 있는 동안 왕궁에서 일광욕이나 즐기며 빈둥빈둥 논다. 그러다 이웃집 테라스에서 아름다운 여인을 보게 된다. 그녀는 우리야 장군의 부인인 바쎄바다. 그녀가 탐난 다윗 왕은 하인을 보내 그녀에게 왕이 그녀를 보고자 한다는 전갈을 보낸다. 그녀가 오자 왕은 그녀와 정을 통한다. 얼마 후 그녀가 임신했다는 전갈이 왕에게 전해진다. 당황한 다윗은 바쎄바의 남편인 우리야를 불러들인다. 그는 한참 교전중인 자신의 군사들을 떠나 왕을 뵈러 온다. 다윗은 그에게 전선 상황을 묻고 난 뒤 이렇게 말한다. "이제 집으로 돌아가 푹 쉬거라." 다윗은 우리야가 자기 아내와 잠자리를 같이할 것이고 그러면 누가 아버지인지 알지 못하게 될 것이라고 생각한 것이다. 그런데 우리야는 왕에게 이렇게 말한다. "제 군사들이 위험에 처해 있는 동안 저 혼자 편안하게 쉬러 가다니! 도저히 그럴 수는 없습니다." 그리고는 근위병들과 함께 잔다.

그러자 그보다 더한 최악의 일이 벌어진다. 다윗 왕은 다시 우리야를 불러 그에게 봉인된 편지를 맡기며 그가 속한 군대의 사령관에게 전하라고 한다. 우리야는 이런 글이 적힌 왕의 편지를 가져간다. "우리야를 가장 전투가 심한 곳에 보내어 그를 죽게 하여라." 이렇게 해서 우리야는 죽게 된다. 그러자 다윗 왕은 위선을 멋들어지게 가장하고 가련한 과부를 맞아들인다. 가증스러운 일이며 끔찍한 권모술수다.

그러자 하느님께서 보낸 예언자 나단이 개입한다. 그는 왕에게 다음과 같은 이야기를 전한다. "왕의 집에서 멀지 않은 곳에 부자가 한 사람 살고 있습니다. 그의 이웃은 매우 가난하여 그에게 재산이라곤 새끼염소 한 마리밖에 없습니다. 그런데 어느 날 염소고기로 맛있는 저녁식사를 하고 싶었던 부자가 하인들을 시켜 가난한 자의 염소를 훔쳐오게 했습니다." 그러자 다윗이 크게 화를 내며 말한다. "그런 부당한 놈을 그냥 둘 수 없으니 벌을 내려야겠다." 그러자 예언자가 그에게 대답한다. "벌을 받아야 할 사람은 바로 당신입니다. 왕에게는 하렘이 있지만 우리야에게는 단 한 사람의 아내밖에 없지 않았소! 그런데도 그의 새끼염소를

빼앗고 그를 죽이지 않았습니까!"

그제서야 왕의 냉혹한 마음이 하느님의 은총을 향해 열리고, 왕은 불현듯 자신이 끔찍한 짓을 행했다는 것을 의식하게 된다. 그는 금식하며, 쉬지 않고 기도를 드리고, 갖은 고행을 행한다. 그만큼 뉘우치는 마음이 컸던 것이다. 그러자 하느님은 그의 잔혹한 범죄를 용서하신다. 그의 통회가 진심에서 우러나온 것이었기 때문이다. 기다리던 아이는 태어나지 못하지만 나중에 다윗은 아름다운 시편의 저자이자 솔로몬(바쎄바와의 결합에서 생겨난 두번째 아이) 왕의 아버지인, 우리가 잘 아는 성인이 되었다.

언제나 주어지는 하느님의 용서와 인간의 통회의 이중적 작용을 보여주는 감동적인 이야기들을 복음서에서 얼마든지 찾아볼 수 있다. 나는 예수께서 죄 많은 여인을 만나는 얘기 또한 참으로 좋아한다. 그 여인은 장차 성녀 막달라 마리아가 될 인물로 추측된다.

예수께서 어떤 바리사이파 사람의 초대를 받으시고 그의 집에 들어가 음식을 잡수시게 되었다. 마침 그 동네에는 행실이 나쁜 여자가 하나 살고 있었는데 그 여자는 예수께서 그 바리사이파 사람의 집에서 음식을 잡수신다는 것을 알고 향유가 든 옥합을 가지고 왔다. 그리고 예수 뒤에 와서 발치에 서서 울며 눈물로 그 발을 적시었다. 그리고 자기 머리카락으로 닦고 나서 발에 입맞추며 향유를 부어드렸다. 예수를 초대한 바리사이파 사람이 이것을 보고 속으로 "저 사람이 정말 예언자라면 자기 발에 손을 대는 저 여자가 어떤 여자며 얼마나 행실이 나쁜 여자인지 알았을 텐데!" 하고 중얼거렸다. 그때에 예수께서는 "시몬아, 너에게 물어볼 말이 있다" 하고 말씀하셨다. "예, 선생님, 말씀하십시오." 그러자 예수께서는 이렇게 말씀하셨다. "어떤 돈놀이꾼에게 빚을 진 사람 둘이 있었다. 한 사람은 500데나리온을 빚졌고 또 한 사람은 50데나리온을 빚졌다. 두 사람 다 빚을 갚을 힘이 없었기 때문에 돈놀이꾼은 그들의 빚을 모두 탕감해주었다. 그러면 그 두 사람 중에 누가 더 그를 사랑하겠느냐?" 시몬은 "더 많은 빚을 탕감받은 사람이겠지요" 하였다. 예수께서는 "옳은 생각이다" 하시고 그 여자를 돌아보시며 시몬에게 말씀을 계속하셨다. "이 여자를 보아라. 내가 네 집에 들어왔을 때 너는 나에게 발 씻을 물도 주지 않았지만 이 여자는 눈물로 내 발을 적시고 머리카락으로 내 발을 닦아주었다. 너는 내 얼굴에도 입맞추지 않았지만 이 여자는 내가 들어왔을 때부터 줄곧 내 발에 입맞추고 있다. 너는 내 머리에 기름을 발라주지 않았지만 이 여자는 내 발에 향유를 발라주었다. 잘 들어두어라. 이 여자는 이토록 극진한 사랑을 보였으니 그만큼 많은 죄를 용서받았다. 적게 용서받은 사람은 적게 사랑한다." 그리고 예수께서는 그 여자에게 "네 죄는 용서받았다" 하고 말씀하셨다. 그러자 예수와 한 식탁에 앉아 있던 사람들이 속으로 "저 사람이 누구인데 죄까지 용서해 준다고 하는가?" 하고 수군거렸다. 그러나 예수께서는 그 여자에게 "네 믿음이 너를 구원하였다. 평안히 가거라" 하고 말씀하셨다(루가복음 7장).

예수께서는 이 여인이 극진한 사랑을 보였기에 용서받았다고 말씀하신다. 이것은 통회의 한 측면이다. 즉 사랑이 죄지은 사람의 마음을 가득 채워 고통과 더불어 자신을 잘못을 깨닫게 해준다는 것이다. 그런데 이 글은 용서받았을 때 사랑이 더욱 커진다고도 말하고 있다. '적게 용서받은 사람은 적게 사랑한다.' 따라서 사랑은 용서를 구하는 행위를 감싸안는다. 사랑하기 때문에 용서를 구하는 것이며, 용서받은 줄 알기 때문에 더욱더 사랑하게 되는 것이다.

이 점과 관련된 한 일화를 나는 잊을 수가 없다. 나는 열다섯

살이었다. 보이스카웃 단장이 되고서 얼마 지나지 않았을 때였다. 우리 가족은 리옹에 살고 있었으며, 시내에서 10여 킬로미터 떨어진 론 강가에 큰 공원으로 둘러싸인 별장이 한 채 있어서 그곳에서 바캉스를 보내곤 했다. 그곳에 가려면 기차로 20분이 걸렸다. 이따금씩은 자전거를 타고 가기도 했다. 어느 일요일, 모두들 기차를 타고 그곳으로 떠나려는데 내가 말했다. "나는 갈 수가 없어. 5시에 보이스카웃 모임이 있는데, 돌아올 시간엔 기차가 없을 거야." 그러자 건강이 좋지 않은 형이 내게 말했다. "그러면 내가 자전거로 갈 테니 넌 기차를 타고 가. 그리고 나중에 회의에 갈 때는 자전거를 타고 가면 되잖아." 그렇게 해서 나는 형제들과 함께 기차를 타려고 역으로 갔다. 늦게 도착한 다른 형이 기차를 타더니 내게 말했다. "엠마뉘엘은 못 온대. 아프대."

그때 나는 몹시 화가 났다. 나는 기차에서 내려 차표를 던져버리고 아픈 형에 대해 화가 나서 씩씩대며 집으로 돌아왔다. 보이스카웃 단장이라는 중대한 직책으로 자만심에 젖은 나는 형에게 부당하고 악의에 찬 말들을 내뱉었다. 그리고는 문을 꽝 닫고 내 방으로 와 틀어박힌 채 숙제를 하려고 했다.

그런데 나는 도무지 집중을 할 수가 없었다. 형이 "너한테 자전거를 갖다주러 갈게"라고 했을 때는 정말로 그럴 마음이었다는 걸 스스로 잘 알면서도 아픈 형에게 그처럼 못되게 군 것에 대한 부끄러움과 후회가 나를 온통 사로잡았다. 내가 하던 일을 멈추고 형에게 용서를 구하기 위해 형의 방으로 가서 문을 두드릴 때까지 내 마음속에서는 투쟁이 계속되었다. 형에게는 이 일이 그리 기억에 남을 만한 일이 아니었을 거라고 나는 확신한다. 하지만 내게는 결코 잊을 수 없는 일이다.

살다 보면 때때로 이처럼 바깥에서 볼 때는 사소해 보이지만 한 인간의 마음을 변화시키거나 환하게 비추는 작은 사건들이 있다. 그렇게 해서 나와 형이 서로를 끌어안았을 때 나는 완전히 딴 사람이 되어 있었다. 나는 형의 방을 나와 하던 숙제를 다시 하러 갔다. 그런데 나는 조금 전과 동일한 사람이 아니었다. 내 안의 무언가가 달라져 있었다. 그때 나는 환희에 젖어 있었는데, 그것이 나는 하느님과의 만남이라고 확신한다. 나는 사랑한다는 것이 얼마나 좋은 일이며, 내가 입힌 상처를 아물게 하는 일이 얼마나 좋은 일인지를 맛보았다.

주고받은 용서는 사랑을 크게 하며 우리의 마음에 더할 나위 없는 기쁨을 안겨준다.

간음하다 현장에서 잡힌 여자에 대한 감동적인 복음서 구절을 통해 예수께서 우리에게 보여주는 또 다른 차원의 용서가 있다.

　예수께서는 올리브 산으로 가셨다. 다음날 이른 아침에 예수께서 또다시 성전에 나타나셨다. 많은 사람들이 몰려들었기 때문에 예수께서는 그들 앞에 앉아 가르치기 시작하셨다. 그때에 율법학자들과 바리사이파 사람들이 간음하다 잡힌 여자 한 사람을 데리고 와서 앞에 내세우고 "선생님, 이 여자가 간음하다가 현장에서 잡혔습니다. 우리의 모세 법에는 이런 죄를 범한 여자는 돌로 쳐죽이라고 하였는데 선생님 생각은 어떻습니까?" 하고 물었다. 그들은 예수께 올가미를 씌워 고발할 구실을 찾으려고 이런 말을 하였던 것이다. 그러나 예수께서는 몸을 굽혀 손가락으로 땅바닥에 무엇인가 쓰고 계셨다. 그들이 하도 대답을 재촉하므로 예수께서는 고개를 드시고 "너희 중에 누구든지 죄없는 사람이 먼저 저 여자를 돌로 쳐라" 하시고 다시 몸을 굽혀 계속해서 땅바닥에 무엇인가 쓰셨다. 이 말씀을 듣자 나이 많은 사람부터 하나하나 가버리고 마침내 예수 앞에는 그 한가운데 서 있던 여자만이 남아 있었다. 예수께서 고개를 드시고 그 여자에게 "그들은 다 어디 있느냐? 너의 죄를 묻던 사람은 아무도 없느냐?" 하고 물으셨다. "아무도 없습니다, 주님." 그 여자가 이렇게 대답하자 예수께서는 "나도 네 죄를 묻지 않겠다. 어서 돌아가라. 그리고 이제부터 다시는 죄짓지 마라" 하고 말씀하셨다 (요한복음 8장).

　예수께서는 어떤 인간도 남을 판단할 만큼 순수하지도 완벽하지도 않다는 걸 우리에게 보여주고 싶으신 것이다. 오직 하느님만이 죄인을 심판하고 판결을 내릴 수 있다. 하지만 하느님께서는 사랑이시기 때문에 자신의 과오를 진심으로 뉘우치는 자에게는 언제나 용서를 내리신다. 하느님께서 보시기에는 그 무엇도 용서받지 못할 것이 없다. 그 무엇보다 가증스런 범죄일지라도. 우리는 인간의 깊은 속마음을 헤아릴 수 없으며 무엇이 한 인간으로 하여금 범죄를 저지르게 만드는지 알지 못한다. 그 이유는 애정문제 때문일 수도 있고(엠마우스의 첫 동료인 조르주의 경우처럼), 정신병과 관계된 것일 수도 있으며, 아이로 하여금 난폭하게 반응하게 만든 가정환경 때문일 수도 있다.

　어떤 면에서는 오늘날 정신분석학의 발달이 '판단하지 말라'는 예수의 말씀의 이해를 돕는다. 잘못을 저지르는 한 개인의 책임감은 어느 정도일까? 하느님만이 그 사실을 아신다.

　그리스도께서 십자가에 매달린 채 하신 말씀을 나는 종종 생각한다. "아버지, 저들을 용서하여 주십시오! 그들은 자기가 하는 일을 모르고 있습니다." 최근에 나는 벨파스트에 간 적이 있는데, 아버지의 차를 타고서 등교하던 한 아이가 난데없이 차 속으로 날아든 총알에 맞아죽은 사건이 일어났다. 군중들이 자동차 주위로 몰려들었다. 금방이라도 폭동으로 번져 보복전이 이어질 수 있을 상황이었다. 하지만 그 아버지는 용감한 그리스도인답게 죽은 아이를 안고 자동차에서 나오면서 이렇게 말했다. "저들을 용서하십시오. 저들은 자신들이 한 일을 알지 못합니다."

　이와 같은 말에는 척도도 없고 한계도 없다. 그것은 죄가 처벌받지 않아야 한다는 의미도 아니며, 인간적 정의가 있어서는 안 된다는 의미도 아니다. 그와 반대로 죄 앞에서는 냉혹해야 한다는 의미이다. 우리는 살인죄와, 특히 성적으로 착취하기 위해 아이들을 매매하는 범죄를 처벌하기 위해 많은 대책들을 마련해야 하고 국제적 법정을 창설해야 한다. 다른 한편, 정신병 환자들이 남에게 해를 끼치지 않을 조치 또한 반드시 취해야만 한다. 하지만 그와 같은 범죄를 저지른 사람들에 대해 타당한 도덕적 판단을 내리기 위해서는 그들의 과거를 알 시간을 가져야만 할 것이다. 그들은 어떻게 해서 그런 끔찍한 일을 저지르게 되었는가? 사람 자체를 심판하지 말자. 반복하지만 그들이 해를 끼치지 못할 방법을 모색하자. 한 사회가 할 일은 무엇보다 그 사회의 가장 나약한 구성원들을 보호하는 것이다.

일화 하나가 생각난다. 그 일이 내게는 아직도 생생한 비극으로 남아 있다. 수도원에서의 착복의식과 관련해서 말한 적이 있는 토 모렐의 이야기인데, 그는 전쟁 동안 글리에르 항독지하조직의 우두머리가 되었다. 생-시르 군사학교에서 교관으로 지낸 적이 있는 그는 그 학교의 다른 장교들과 더불어 그의 옛 학생들에게 다음과 같은 호소문을 보냈다. '상륙작전이 개시될 때 독일군들을 공격하기 위해 군대를 조직해야 할 때가 되었다.' 그리고 그는 그가 잘 아는 그 산을 직접 선택했다. 그런데 어느 날 지원자 가운데 한 사람이 조직을 염탐하는 임무를 맡은 민병대원임이 밝혀졌다. 그는 이따금씩 밤에 슬쩍 사라지곤 했던 것이다. 그래서 그를 감시해보니 그가 숲에다 무전기를 감추어 두고 매일같이 계곡에 진을 치고 있는 민병대(비시 정부가 레지스탕스와 맞서기 위해 조직한 친독 의용대—옮긴이 주)와 교신해온 것을 알게 되었다. 전쟁법에 따라 그는 배신행위를 한 것으로 판결받았고 이튿날 사형을 집행하기로 하였다. 군사법정의 재판장인 토 모렐이 직접 그에게 사형을 언도했던 것이다.

그런데 얼마 뒤 토 모렐은 그가 그런 행위를 한 이유를 알기 위해 그자를 만나기로 결심했다. 그자와 얘기를 나누면서 토 모렐은 그자가 그리스도교 신자이며, 공산주의로부터 세상을 보호하기 위해 민병대에 들어갔다는 사실을 알게 되었다. 그래서 그는 자신이 사형을 언도하여 이틀날 사형이 집행될 자와 함께 기도하면서 밤을 지샜다.

용서는 인간적 정의를 실천하는 데 장애물이 되지 않는다. 이 두 가지는 서로 모순되는 것이 아니다.

그로부터 몇 주 뒤에 토 모렐은 그의 친구 가운데 한 사람이 놓은 가증스런 덫에 빠져 살해당했다.

마지막으로 나는 짤막한 일화를 얘기하고 마칠까 한다. 단순해 보이는 이 일화는 그 이면에 용서가 희망의 궁극적 토대라는 사실을 담고 있다. 한 부부가 열다섯번째 결혼기념일을 기념하고 있다. 그들에게는 세 명의 아이가 있다. 아이들이 말한다. "15분 동안만 비켜주세요. 연극을 준비했거든요!" 큰딸이 예쁜 흰색 옷을 입고 나타난다. 그런데 그 아이는 어깨에다 회색과 검은색의 담요 두 장을 포개어 걸치고 있다. 어린 남동생 둘이 나타난다. 그들은 이런 얘기를 나눈다. "엄마 아빠가 돌아가신 지 2,3년이 지났는데 소식도 듣지 못했고, 어디에 계신지도 모른단 말이야. 알 방법을 찾아야만 해. 너는 어디에 계실 거라고 생각하니?" 하고 한 아이가 말한다. "아빠는 화를 잘 내셨고, 엄마는 욕심이 많

앉으니까 분명히 지옥에 계실 거야" 하고 다른 아이가 말한다. 그리고 그들은 악마인 담요 쓴 여자애를 찾아간다. "악마님, 당신네 식구들 가운데 X씨 부부라고 혹시 없습니까? 저희는 그분들의 자녀들인데 소식을 몰라서요." 악마가 명부를 뒤지러 가더니 화가 나서 돌아온다. "저리 꺼져. 내 시간만 허비했잖아. X씨 라고는 내 집에 없어." 여자애는 검은색 담요를 벗는다. 그러자 남자애들이 서로 말한다. "어쩌면 하느님께서 화나 욕심은 그렇게 중대한 죄가 아니라고 생각한 게 아닐까? 연옥으로 가보자."

그들이 가서 문을 두드린다. "천사님, 이곳에 머무는 사람들 가운데 X씨 부부라고 있지 않나요. 저희는 그분들의 자녀들인데 소식을 몰라서요." 천사가 친절하게 명부를 뒤져보더니 와서 말한다. "미안하지만 찾을 수가 없구나. 여기엔 X씨 부부가 없어." 아이들이 말한다. "그러면 도대체 어디에 있을까?" 천사가 말한다. "지옥 아니면 천국이겠지!" "지옥에는 없었어요. 거기서 내쫓겨오는 길이거든요." "그러면 천국에 가보렴!"

그들이 천국에 도착한다. "성 베드로님, 혹시 X씨 부부가 여기 있나요?" 성 베드로는 근엄한 표정으로 컴퓨터에 조회해 보더니 이렇게 말한다. "X 가족이라, 여기 모두들 있구나." 그리고 그가 덧붙인다. "그래, 왜냐하면 그들이 용서를 했기 때문이지." 그때

단순한 기쁨

여자애는 회색 담요를 벗은 새하얀 차림이었다.

  이 작은 연극은 나를 무척 감동시켰다. 순진한 마음을 가진 이 아이들은 모든 심오한 종교의 핵심이기도 할 복음의 핵심을 잘 이해하고 있었다. 삶이란 희망이요, 전지전능하시고 내 사랑의 대상이신 하느님께서는 언제나 용서하신다는 확신이, 그리고 용서할 줄 아는 사람들에게는 모든 것이 용서된다는 확신이 그 희망의 정점에 있다는 사실을 잘 알고 있었던 것이다.

□ 옮긴이의 말 □

프랑스인들은 매년 설문조사를 통해 '가장 좋아하는 프랑스인'을 뽑아 순위를 매기곤 한다. 피에르 신부가 8년 동안 일곱 차례나 1위에 오른 걸 보면 그에 대한 프랑스인들의 사랑과 존경을 짐작할 수 있다. 그는 상류층 가정에 태어나 19세에 모든 유산을 포기하고 카푸친회 수도회에 들어간 사제요, 전쟁 동안에는 항독 레지스탕스에 가담한 투사였으며, 전쟁 후에는 국회의원으로 활동했고, 엠마우스 빈민구호 공동체를 만들어 50년이 넘도록 빈민들과 노숙자들, 부랑자들과 함께 생활한 가난한 자들의 대부이기도 하다. 피에르 신부의 이런 여러 면모는 '프랑스인들이 뽑은 금세기 최고의 휴머니스트'라는 말로 압축된다.

그는 신자와 비신자를 구분하지 않으며, 너와 나, 우리와 그들을 구분하지 않는다. 국경도 민족도 문화도 종교도 그에게는 인간을 가르는 울타리가 되지 못한다. 오직 인류 형제가 있을 뿐이다. 내 가족, 내 나라, 내 민족이라는 좁은 울타리를 뛰어넘고 크고 넓은 안목으로 인류 전체를 끌어안는 그이기에 한 가족인 인류가 배타적인 민족주의나 편협한 인종편견으로 서로 미워하고 싸우는 걸 두고볼 수가 없는 것이다. 지구 한쪽에서는 먹을 것이 넘쳐나는데 다른 한쪽에서는 굶어 죽어가는 걸 참을 수가 없는 것이다.

그는 한평생 투사였다. 세상의 빈곤과 불평등과 불의에 맞서 전쟁을 선포한 투사였다. 그의 행동은 거침없다. 교회와 성직자가 범한 오류를 과감히 질타하고, 법을 어기고서라도 집 없는 자들에게 집을 지어준다. 강자들이 약자들을 짓밟는 걸 두고보거나 고통받는 약자들을 그대로 내버려두는 세상의 저열함에 분개하는 그는 '더불어 살기'를 외친다. 사르트르에게 '타인'이 지옥이라면 피에르 신부에게는 '타인 없는 나'야말로 지옥이다. 타인 없이 나 혼자 행복할 것인가 타인과 더불어 행복할 것인가, 이것이 우리가 날마다 내려야 할 근본적인 선택이라고 그는 말한다.

안락한 삶을 버리고 고통받는 약자들 편에 서서 넝마를 줍는 피에르 신부. 그의 삶은 우리가 얼마나 부정과 부패와 불의와 불평등에 무감각해져 있으며, 굶주리는 이웃을 보지 못하는 근시안을 가졌는지 일깨운다. 그가 이 책을 쓰게 된 동기가 삶의 의미를 물어온 어느 절망한 이에게 하나의 대답이 되었으면 하는 바람에서였듯이, 오늘날 삶에서 희망을 보지 못하거나 채워지지 않는 갈증을 느끼는 독자에게 이 책은 한 줄기 빛이 되고 한 모금의 샘물이 되기에 부족함이 없는 듯하다.

2001년 봄

백선희